孩子的科学

——智慧在游戏中迸发

主编：金　环

编委：（以姓氏笔画为序）

丁　琼　许　颖　苏丹青　杨海亚　陆燕莉

胡　磊　盛于蓝　崔　倩　傅小君

浙江教育出版社·杭州

序

杭州市蓓蕾幼儿园在金环园长的带领下，十年如一日，专注于科学教育的研究与实践。作为同行，我也一直关注、关心该园的发展。如今又有一本新书即将面世，我由衷地为其取得的成果感到高兴。也想借此机会，结合本书谈谈我对科学教育的理解。

首先，科学教育要树立儿童本位的思想。所谓儿童本位，就是要尊重儿童的兴趣，尊重儿童的思考，尊重儿童的理解。在科学教育中，成人常容易把自己对科学的理解作为标准答案，千方百计地教给孩子。结果孩子既不理解，也不感兴趣。事实上，儿童才是科学学习的主人。他们对于自己感兴趣的事物和现象，会主动地探究和思考，并形成自己的理解和解释。这就是孩子的科学。本书取名“孩子的科学”，则充分体现了这一思想。

其次，科学教育要“小题大做”。对幼儿来说，他们探究的内容应该来自于他们的生活，而不是抽象的科学概念。应该将抽象的科学概念寓于简单的、生活化的内容之中。幼儿园科学教育实践中有一种错误倾向，那就是片面追求内容上的标新立异，而忽视那些经典的、幼儿生活中常见的内容。本书从孩子感兴趣的内容出发，像光影、磁铁等喜闻乐见的科学内容都被作者纳入囊中，可见其是真正的“小题大做”。

第三，科学教育要形式多样。幼儿园的课程需要采用形式多样的活动，才能给予幼儿多样化的学习体验。集体教学、区域活动、游戏活动等，不同的形式各有其长处和不足，需要将其结合起来，各种活动形式才能起到互补的作用。本书中的每个主题，都设计有丰富多样的活动形式，这对于幼儿的科学学习是非常必要的。

总之，该书从当代科学教育的理念出发，将全园教师长期以来的实践经验做了很好的总结和归纳，相信它对广大同行会有较强的实践指导和参考价值。是为序。

南京师范大学　副教授

张俊

2016年4月12日

引言

我们身处一个让人心跳加速的时代，科学技术的不断发展，让我们一次又一次地感受到科学的魅力。当我们还沉浸在屠呦呦得奖的激动中，美国科学家又探测到了“引力波”。“青蒿素”和“引力波”再次燃起了人们对探索科学新知的无穷乐趣。

2005年，当杭州市蓓蕾幼儿园第一个课题“幼儿园科学启蒙教育的研究”启动时，那一刻我们的兴奋劲至今记忆犹新。幼儿科学教育研究的少人问津与它对儿童发展价值的极大反差，似乎在冥冥中推动着我们沿着这条道路一直走下去。弹指一挥间，研究已走过11年的历程。在这期间，很多人问我执着于幼儿科学启蒙教育研究的原因是什么？我的想法很简单：那是一件有意义的、值得花心血去做一辈子的事情。11年来，有过曲折，遭遇过瓶颈，也受到过质疑、批评，却从未怀疑过自己。今天，我们将要出版第五本书《孩子的科学——智慧在游戏中迸发》，它是我对幼儿科学启蒙教育意义和价值的坚持，也是我们的团队对幼儿科学教育实践的持续思考和探寻。

一、孩子究竟是什么

我们为这本书取名“孩子的科学”隐含了我们对孩子认知转变过程的经历。我们的第一本书名为《把科学变成好玩的游戏》，那时的我们停留在关注儿童科学领域的阶段，非常感谢鄢超云教授，他为我们深入剖析了儿童与科学、科学与游戏之间的关系，让我们在研究的路上不断追问自己：孩子是什么？他们喜欢什么?他们是如何学习的？面对科学教育实践中遭遇的种种困惑，让我们萌生像孩子一样探索科学的愿望，于是我们开启了“幼儿园体验式教研”，期望在教研中从“看见”孩子到“看到”孩子再到“读懂”孩子，正如张俊教授在第二本书《像孩子一样探索科学》序言中所谈到的：体验式教研不仅改变教师对科学的理解，更改变教师对儿童的理解。所以，在本书中，我们从孩子的角度出发，让孩子自由选择喜欢的科学探究内容，自主决定自己的科学探究方式，保护和激发他们对科学的自然兴趣，用自己的意志和兴趣去体验、感受科学探究的魅力，使孩子的科学成就科学的孩子。

二、我们做了什么

在11年的探索中，科研是我们研究和解决问题的最重要的方法和策略。它使我们的研究像齿轮一样传动，环环相扣，一个过程带动一个过程。2005年至今，11年间8个省、市课题的研究伴我们经历了环境探索、活动设计、课程建构这三个阶段。在环境探索期，我们以“做科学：幼儿园科学启蒙教育的实践研究”“做中学科学教育中教师指导策略的研究”“幼儿园做科学环境的优化设计与实施”三个课题展开对幼儿科学启蒙教育的初步探索。在研究中逐渐形成了互动和开放的“五大”科学探究环境。科学墙、科学工作坊、科学长廊、科学区角、户外探究区等多种环境共同营造了幼儿科学探究的良好氛围。在活动设计期，我们以课题“幼儿园科学‘五小’课程的建构与实施”重点梳理和探索幼儿科学教育的途径和方法，展开幼儿科学启蒙教育活动的设计，最终形成了独具特色的幼儿园“五小”科学活动：以了解生活现象为主的“科学小常识”，以培养幼儿科学兴趣和好奇心为主的“科学小游戏”，以培养幼儿动手能力为主的“科学小制作”，以培养幼儿科学探究能力为主的“科学小试验”，以培养幼儿科学实践能力和科学精神为主的“科学小农场”。在课程建构期，我们在前期研究的基础上，于2010年以两个省规划课题“幼儿园‘玩科学’资源包的设计与实施”“以科学为核心的幼儿园统整式主题课程开发研究”尝试突破原有的幼儿科学启蒙教育模式，开始全面构建具有园本特色的“玩科学”课程体系。经过近五年的持续探究，出版了如《把科学变成好玩的游戏》等四本专著；设计了“玩科学”课程资源包，并与玩具公司合作对课程资源包进行开发，逐步实现了幼儿园“玩科学”课程的构建。本书呈现的就是“玩科学”课程中“趣味操作”的内容板块，同时也是杭州市重大课题“基于幼儿科学启蒙教育的蓓蕾模式研究”的部分成果。

三、这本书的价值是什么

1.趣味操作与讨论思考结合，体现活动的参与性

在原有的科学游戏中，我们虽然重视操作性，让孩子在摆弄、操作中有所得，却缺乏让孩子真正的思考和交流，没有留给孩子想象的空间。而现有的资源包，既有游戏的价值分析，又有游戏的具体指导、提问、交流，能真正体现参与性。例如，在每个主题游戏单元中，思维导图具体地呈现了每个活动的核心科学经验，同时每个游戏活动开始前都有游戏价值的综合思考，无论是游戏活动、集体教学活动还是区域活动都有与其活动类型相匹配的活动指导建议。可以说，本书的游戏既充分关注了孩子动手操作、动嘴交流、动脑思考的趣味操作与讨论思考过程，同时也体现了教师在指导孩子活动时关注孩子的思维，与孩子共同思考的参与过程。

2.反复操作、层层递进，体现活动的过程性

儿童的科学学习需要大量的积累或“灵光一现”的瞬间，而原有的科学游戏往往围绕一个核心经验，通常只有一个活动、一个情景，单一的活动和情景容易让孩子感到厌倦，无法进行深入的思考。而对于幼儿来说，要在短短的时间内感受和体验这些科学经验是不可能的，如果要使他们能进行更富有逻辑性的、连贯的、反应其思维过程的活动，我们需要为他们提供充足的时间、创设必要的环境，让他们慢慢沉浸到科学探究的过程之中。而本书的游戏以单元为主要组织形式，同一个主题单元安排了8个不同类型的活动，其中4个游戏有相应的资源包配置，集体教学活动有的是与资源包相关，也有的是与主题单元内容相关。教师在实践中既可以按书中所示的活动形式展开，也可以根据幼儿的实际情况自由选择，此外，书中的活动还可以根据幼儿的兴趣反复进行操作。我们期待：围绕一个主题单元，孩子们可以进行多角度的、丰富而层层递进的活动。

3.科学与生活的融合，关注活动的整合性

首先，本书中的所有活动无论是内容还是操作材料，皆来源于孩子们的日常生活。科学现象是孩子们生活中最为常见的，活动材料也是孩子们生活中唾手可得的，其中有不少来自废弃材料，这些都充分体现了幼儿科学与幼儿生活相融合的特点。其次，它尊重儿童经验整合性的特点，虽然以科学体验为活动核心，却不以科学探究为经验感知的唯一途径，而是有机地将科学与语言、科学与艺术完美地结合，通过阅读、艺术表现与创造等各种方法帮助幼儿感受科学现象、表达自己的科学发现。

4. 游戏与集体教学的结合，关注活动方式的多样性

书中的每个单元既有游戏活动、区域活动，又有与主题相关的集体教学活动以及相应的绘本资源链接，各种各样活动形式的综合运用，不仅使孩子始终对活动保持新鲜感和兴趣，还有利于关注幼儿的个体差异性，满足幼儿不同学习方式的需要。同时，游戏设计由以下几个部分组成：游戏价值、游戏准备、游戏玩法、游戏指导、游戏建议，模块清晰、操作性较强，同时提供资源包与之相配合，便于教师更好地开展各类科学活动。

最后，感谢11年以来一直坚持幼儿科学启蒙教育研究的蓓蕾团队成员，因为你们的坚持，我们的研究之路充满力量；感谢一如既往支持我们进行幼儿科学启蒙教育研究的专家和教育局领导们，因为你们的鼓励，使我们的研究得以不断深入；感谢始终关注和关心我们幼儿科学启蒙教育研究的同行们，因为你们的同行，让我们觉得研究之路充满惊喜！

杭州市蓓蕾幼儿园　园长

金环

2016年4月12日

目录

小 班

目录

中班

单元一：磁铁游戏

单元二：豆豆乐翻天

单元三：各种各样的车

单元四：神奇的力

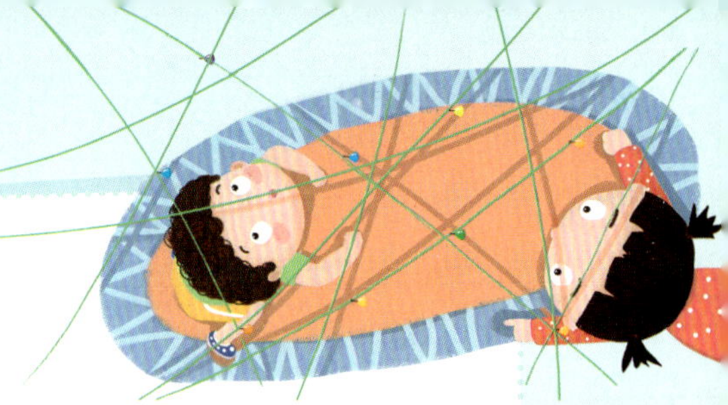

大班

小班 · 单元一

好玩的水

集体教学活动：泡泡乐园

感知不同形状的吹泡器吹出的泡泡都是圆形的。

游戏活动：冻冰花

感知水结成冰、冰变成水的现象。

游戏活动：小鱼游游

感知水粉遇水褪色、油画棒遇水不褪色的现象。

游戏活动：沉浮游戏

观察不同材料的物体在水中的沉浮状态。

游戏活动：看谁喷得远

感受瓶盖孔数与水柱数量之间的关系。

区域活动：快乐洗衣坊

在生活中感知水的作用。

区域活动：快乐小渔夫

用不同大小网眼的网兜捞鱼，感受水的流动性。

区域活动：赶海小脚丫

尝试用不同的工具玩水，感知水的特征。

单元说明

在《好玩的水》单元活动中，孩子们可以在游戏中初步了解水的基本特征，感知物体在水中的沉浮状态，发现水遇冷结冰、冰遇热融化等各种有趣的现象。本单元将通过区域活动、游戏活动和集体教学活动等多种活动形式来展开。单元活动可以从较为宽松的区域活动“赶海小脚丫”“快乐小渔夫”和“快乐洗衣坊”等活动开始，让孩子与材料充分互动，并在游戏中了解水的基本特征；再通过规则性游戏“看谁喷得远”感知水在外力作用下的喷射现象。孩子们在“沉浮游戏”“小鱼游游”等游戏中，探索发现物体在水中的状态及油水分离的现象。之后，孩子们可以在游戏“冻冰花”中，感知水结成冰、冰化成水的现象。最后，孩子们可以通过集体教学活动“泡泡乐园”，感知水与其他物品接触后发生的奇妙变化，继续引发他们对水的特性的探究。活动顺序的安排可以根据班级实际情况及班内孩子们的需求作相应调整。

游戏活动

沉浮游戏

一、游戏价值

“为什么积木会浮在水面上？”“为什么小石子沉到了水底？”……孩子们总是对沉浮游戏充满兴趣。在沉浮游戏中，孩子们将在自主操作、探索中感知，哪些物体能浮起来，哪些物体会沉下去，观察沉浮现象，发现沉浮的秘密，体验游戏的乐趣。

二、游戏准备

1. 玻璃珠、小积木、石头。

2. 可打开的塑料透明球。

3. 装有半盆水的脸盆、擦手毛巾。

三、游戏玩法

幼儿将材料一个一个放入水中，耐心观察，看看哪些物体会浮上来，哪些物体会沉下去。教师引导幼儿说说自己的发现，同时做好记录。

2 将材料放入小球并盖紧

1 分别将材料放入水中

四、游戏指导

1. 小班幼儿在进行沉浮游戏时，可以重点引导幼儿对每一种材料都进行尝试，并利用问题“哪些东西浮起来了”“哪些东西沉下去了”与幼儿进行讨论，请他们说说自己的发现。

2. 教师可以引导幼儿将物品分别放入透明的小球，盖紧小球，看看物品在水中的状态，并说说自己的发现。

五、游戏建议

1. 本游戏还可以尝试利用水果来开展，如帮助幼儿选择草莓、苹果、葡萄、梨等水果，让幼儿在游戏中观察。

2. 鼓励幼儿从生活中寻找更多的材料进行游戏，如塑料瓶、塑料玩具等，并引导幼儿相互交流游戏经验。

3. 游戏中给幼儿穿上防水的衣服，提醒他们挽起衣袖，避免弄湿衣服。

冻冰花

一、游戏价值

在寒冷的冬日里，孩子们看到房檐下、树梢上挂着形态各异的冰花，总会情不自禁地驻足欣赏或将冰花采下来拿在手中把玩。游戏中，我们提供了彩色电光纸、水、棉线、小碗等，让他们在做一做冻冰花的过程中感知水遇冷凝结成冰的现象，并在观察、把玩的过程中感知冰遇热融化变成水的现象，欣赏阳光下美丽的冻冰花作品。

二、游戏准备

彩色电光纸、彩色小玩具、造型各异的小碗、棉线、水、剪刀、小锤子。

三、游戏玩法

1. 做冰花：幼儿选择喜欢的电光纸并将其剪碎，在小碗中放入电光纸纸屑和各种玩具，将棉线的一头放入小碗中，将另一头露在碗外面，然后往小碗中倒水，并将小碗放入冰箱冷冻。待水结成冰后，把冰花提出来即可。

1 将电光纸剪成碎纸片

2 将剪好的碎纸片放入容器

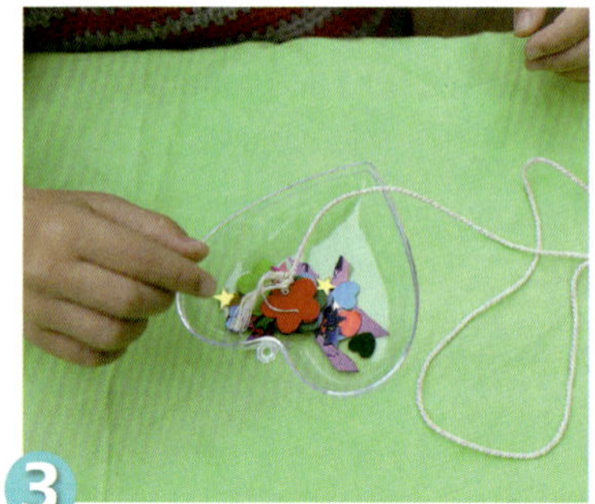

3 将棉线的一头放入容器

4 在容器中倒入八分满的水

5
冷冻后取出冰花

2. 赏冰花：将冻冰花挂在树上或其他地方，欣赏美丽的冰花。

3. 玩冰花：幼儿手牵冰花上的棉线，将冰花变成拖拉玩具，感知冰融化的现象。

4. 小小考古学家：提供锤子、凿子等，幼儿可以利用这些工具敲敲、凿凿，将冰块弄碎，取出冻冰花内的小玩具。

四、游戏指导

1. 在制作冻冰花的过程中，可以引导幼儿隔一段时间就打开冰箱，观察小碗中水的变化，并通过“你看到了什么”“有变化吗”“你发现了什么”等问题，引导幼儿观察水遇冷凝固，慢慢结成冰的过程。

2. 可以让幼儿到户外把冰花放在地上拉着玩，并通过“你看到了什么”“水是从哪里来的呀”等问题，引导幼儿观察冰融化成水的现象。

3. 可以提供扇子、电吹风等，让幼儿利用这些工具尝试让冰花慢慢融化成水。

五、游戏建议

1. 提醒幼儿制作冰花时，要选择“不怕水”的纸，鼓励幼儿寻找不同形状的容器，制作不同形状的冰花，如球状、三角状等。

2. 提醒幼儿留在碗外面的棉线要略长些，以方便提取冰花。

3. 做冰花时，也可以提供各种颜色颜料，让幼儿加入水中，制作五彩冰花，然后比一比谁的冰花最漂亮。

4. 将冰花从冰箱中取出后，可先在室温下放置5分钟，这样更容易取出冰花。

游戏活动　看谁喷得远

一、游戏价值

孩子们天生喜爱玩与水有关的游戏。洗手时，有的孩子经常将手压在水龙头的出水口，让水喷出来，以看谁喷得远为乐。在本游戏中，孩子可以通过探究感知瓶盖孔数与水柱数量间的关系，并体验游戏的乐趣。

二、游戏准备

1. 相同的塑料瓶若干。

2. 只有单个孔眼且孔眼大小不同的瓶盖两个。

3. 孔眼大小相同，但数量分别为1个、2个、4个的瓶盖各1个。

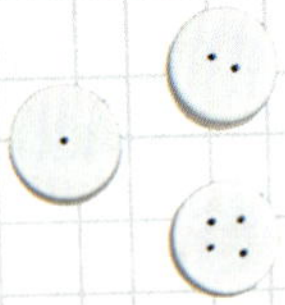

4. 水、脸盆、抹布。

三、游戏玩法

将塑料瓶灌满水，盖上瓶盖，用力挤压瓶身，比一比谁的水柱喷得远。

1 将瓶子灌满水

2 盖紧瓶盖后用力按压瓶身

四、游戏指导

1. 活动初始，可以创设游戏情境，如学做小园丁，鼓励幼儿为小花小草浇水，玩一玩喷水游戏，并用“你给小花小草喝水了吗”“你是怎么做的”等问题帮助幼儿梳理游戏玩法。

2. 在幼儿掌握游戏玩法后，可帮助幼儿控制游戏变量，引导幼儿选择单个孔但大小不同的瓶盖进行游戏；也可以鼓励幼儿选择孔的大小相同、数量不同的瓶盖进行尝试。用“你的水柱喷得一样远吗”“你有什么发现”等问题引导幼儿观察水柱的距离、大小的情况，感知瓶盖孔的大小和孔数多少对水柱喷射的影响。

3. 游戏中，可让幼儿自行选择不同瓶盖进行探索。待幼儿熟悉游戏后，可鼓励幼儿与同伴进行比赛。

3 更换不同的瓶盖，观察水柱的变化

五、游戏建议

1. 若活动中的瓶子太硬，幼儿可能因力量小而无法挤压瓶身；若太软则容易变形。因此，应选择软硬适中的塑料瓶，便于幼儿操作。

2. 活动中提供的脸盆要略大一些，方便幼儿灌水。

3. 活动后还可以提供不同的水枪，让幼儿进一步感知、体验。

游戏活动 小鱼游游

一、游戏价值

“它的眼睛像灯泡！”“它的尾巴好漂亮！”色彩斑斓、形态各异的鱼总能引发幼儿的兴趣。幼儿在“小鱼游游”的游戏中，用颜料或油画棒来装饰小鱼，了解鱼的不同形态，感知其色彩美、形态美，并在让“小鱼”游游的过程中观察水粉遇水褪色、油画棒遇水不褪色的现象，萌发探索的兴趣。

二、游戏准备

1. 小鱼模板。

2. 各色颜料、油画棒。

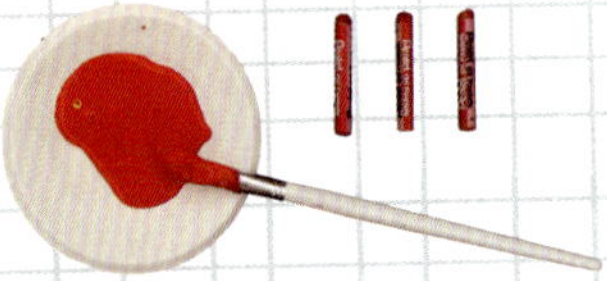

3. 水、脸盆、毛巾。

三、游戏玩法

1. 给小鱼“穿衣服”：将鱼从纸板上抠下来。选取同种颜色的油画棒、水粉颜料，分别给两条形态相同的鱼涂满颜色。

① 从小鱼模板上抠下两条形态相同的小鱼

② 用油画棒给一条小鱼涂色

③ 用水粉给另一条小鱼涂色

2. 小鱼游游：将两条小鱼放入水中，观察小鱼在水中的状态，发现两条小鱼“衣服”的变化。

将两条小鱼同时放入水中并观察小鱼“衣服”的变化

四、游戏指导

1. 在给小鱼“穿衣服”的游戏中，引导幼儿选择同一颜色的油画棒和水粉颜料、同一形态的小鱼，以控制活动中的变量，让幼儿更好地观察和发现水粉颜料和油画棒遇水后的不同变化。

2. 在给小鱼涂颜色时，可以引导幼儿先用油画棒给一条小鱼涂色，再用水粉颜料给另一条小鱼涂色，涂好后尽快放入水中，以防止时间过久颜料变干影响活动效果。

五、游戏建议

待幼儿熟悉游戏后，可以鼓励幼儿用多种色彩给小鱼“穿衣服”，感知水粉颜料溶于水后的变化，欣赏小鱼“衣服”的五彩斑斓。

泡泡乐园

设计意图：

孩子们都喜欢在阳光下吹一串串五彩的泡泡，在他们开心的欢呼声中，你会感受到他们对泡泡的喜爱。他们会神气地说："我会吹泡泡了！泡泡多漂亮呀！"于是，我们从孩子的兴趣出发，设计了本次活动。活动中，孩子们自制不同形状的吹泡器，猜想泡泡的形状，并在实际操作中，观察、感知虽然吹泡器不同，但吹出的泡泡都是圆形的。在此过程中，孩子的动手能力、观察能力、探究能力也都得到了提升。

活动目标：

1. 乐意制作不同形状的吹泡器。
2. 感知不同形状吹泡器吹出来的泡泡都是圆形的，体验吹泡泡的乐趣。

活动重难点：

1. 重点：观察、发现吹泡器形状与吹出泡泡形状的关系。
2. 难点：制作不同形状的吹泡器。

活动准备：

1. 泡泡水。
2. 自制圆形吹泡器若干。

活动过程：

1. 泡泡器变一变。

● 吹泡泡进入活动室。

——刚才你们在用什么形状的吹泡器吹的泡泡啊？

——吹出的泡泡是怎么样的？

● 说说自己喜欢的吹泡器，并猜想吹出的泡泡的形状。

——原来，圆形的泡泡器吹出的泡泡是圆的。现在，我把这个吹泡器变一变，你猜，它吹出的泡泡会是什么形状的？（教师边说边操作，将吹泡器做成小兔形状。）为什么呢？

——你想变出什么形状呢？用这个吹泡器会吹出怎样的泡泡呢？

2. 泡泡器大变身。

● 做一做泡泡器。

——我们也把手里的吹泡器变一变，变成自己喜欢的形状吧！（鼓励幼儿多做几个吹泡器，并和同伴说说用这些吹泡器吹出的泡泡是什么形状的。）

● 我做的吹泡器。

——你做的吹泡器是什么样子的？

——用它可能会吹出什么形状的泡泡？

3. 泡泡乐园。

● 幼儿吹泡泡并观察。

——我们做了这么多的吹泡器，真棒啊！用这些不同形状的吹泡器会吹出什么形状的泡泡呢？接下来就让我们一起来吹一吹吧！（事先提醒幼儿吹泡泡时要注意安全，如不要对着别人吹等。）

——你发现了什么？

——你吹出的泡泡是什么形状的？是用哪个吹泡器吹的？

● 分享交流。

——谁愿意把自己的发现告诉大家？

活动延伸：

鼓励幼儿将吹泡泡游戏中的发现与同伴分享，如：吹泡器形状与泡泡形状之间的秘密；吹泡泡时用力的大小、角度等。

教学反思：

“泡泡乐园”这一活动是根据小班幼儿的兴趣来设计的。在活动中，幼儿自制吹泡器，猜测、操作、观察、发现吹泡器吹出泡泡的形状，感知不同形状吹泡器吹出的泡泡都是圆形的。

考虑到泡泡器的制作材料需要是可变形的这一要求，从都可以吹出泡泡的绒棒和面包包装线中，选取了面包包装线。同时，考虑到容器的稳定性，采用玩具碗来装泡泡水也更为合适。在活动中教师可根据需要灵活选取以上几种工具。

此外，在本活动中，教师应为幼儿创设更宽松的氛围。如，可以根据现场幼儿的需求来安排进行猜想或允许幼儿直接吹泡泡。教师可以在一旁放置少许泡泡液，满足幼儿的不同需求。如果想马上吹泡泡来观察形状的，可以鼓励他们先多做几个泡泡器。反之，仍可以按照先猜想再验证的活动顺序进行。

赶海小脚丫

一、活动准备

1. 各种海洋生物的壳（如：螺蛳壳、螃蟹壳、蛤蜊壳等），各类筐，彩绳，夹子。

2. 游戏场景布置：戏水区。

二、操作方法

幼儿自选工具，尝试用工具捞贝壳或用手捡贝壳。

三、操作指导

1. 鼓励幼儿尝试用不同的工具玩水，感知水的特征。

2. 通过提“你捡到了什么贝壳”“它是什么样子的”“你捡到的贝壳都一样吗”“哪里不一样”等问题，引导幼儿观察贝壳的外形并大胆讲述自己的发现。

3. 鼓励幼儿将捡到的贝壳投放到其他区域，进行售卖、烧烤、制作首饰等活动。

一、活动准备

1. 自制小鱼、网兜、绑有磁铁的管道玩具。
2. 游戏场景布置：水池。

二、操作方法

1. 用网兜从水池里捞起自己想要的物品。

2. 还可以利用管道玩具将池中的自制小鱼等玩具钓上来。

三、操作指导

1. 引导幼儿用不同大小网眼的网兜捞“鱼”，感知水的流动性。

2. 当幼儿钓不到远处的“鱼”时，可以鼓励幼儿用连接管道等方法制作“加长型钓鱼竿”钓鱼，并在操作中感知力度、方向等对钓鱼游戏的影响。

3. 当幼儿在游戏中遇到困难，如钓不到或捞不到“鱼”时，教师可以先观察，给幼儿一定的解决问题的时间，必要时再给予帮助和引导。

区域活动　快乐洗衣坊

一、活动准备

1. 脸盆、勺子、搓衣板、服装、衣架、夹子等。

2. 游戏场地布置：水池。

二、操作方法

1. 幼儿自主选择衣物，利用脸盆、勺子、搓衣板等进行洗衣游戏。

2. 幼儿利用架子或衣架晾晒洗净的衣物。

三、操作指导

1. 在活动前可以和幼儿一起说一说有关洗衣服的话题，引导幼儿了解洗衣服的步骤和方法，感知水在生活中的作用。

2. 提醒幼儿在游戏时注意保护自己，挽起衣袖不弄湿衣服。

小班 · 单元二

大耳朵兔兔

集体教学活动：我的连衣裙

观察绘本画面上小兔连衣裙发生的变化，感受故事的奇妙与乐趣。

集体教学活动：连衣裙变变变

感受小兔花裙子的色彩、图案的变化，体验印画游戏的乐趣。

游戏活动：拼拼乐

在拼图游戏中，了解兔子的外形特征。

游戏活动：绒毛小兔

在撕贴操作中感知兔子毛茸茸的特点。

游戏活动：大耳朵兔兔

制作好玩的兔子耳朵，体验游戏的乐趣。

游戏活动：兔子食谱

在简单的记录中了解兔子喜爱的食物。

区域活动：饲养小兔

观察、了解兔子的外形特征及生活习性。

区域活动：兔子的家

在装饰兔子的家的过程中，产生喜爱和关心兔子的情感。

单元说明

本单元拟通过不同形式的活动使孩子逐渐感知兔子的外形特征、生活习性等。在区域活动“兔子的家”“饲养小兔”中，尝试当饲养员的孩子会产生一系列如“兔兔吃什么”“兔兔住在哪里”“为什么有的兔子红眼睛，有的兔子黑眼睛”等问题。“大耳朵兔兔”“兔子食谱”“绒毛小兔”“拼拼乐”等游戏活动的开展，可以加深孩子对兔子的外形特征、生活习性的了解。集体教学活动“我的连衣裙”“连衣裙变变变”可以让孩子在绘本阅读与操作中体验小兔连衣裙的奇妙、有趣，产生对兔子的探究兴趣。活动以孩子的兴趣为线索，以师幼共同解决问题为主要形式，从培养孩子对动物的喜爱之情、萌发照顾小动物的责任心开始，让孩子带着饲养小兔的任务慢慢地观察、了解兔子的外形特征、生活习性、生长过程等，激发孩子的责任意识，进而萌发对生命的尊重和关爱之情。

游戏活动　大耳朵兔兔

一、游戏价值

孩子们经常唱起儿歌："小白兔，白又白，两只耳朵竖起来……"大耳朵的兔子是孩子们非常喜爱的小动物之一。通过制作"大耳朵兔兔"的游戏，不仅可以让孩子在找一找、贴一贴、玩一玩的过程中进一步了解兔子耳朵大、左右对称的外形特征，而且能够激发他们对兔子的喜爱之情和探索欲望。

二、游戏准备

1. 小兔耳朵模型一对、发箍。

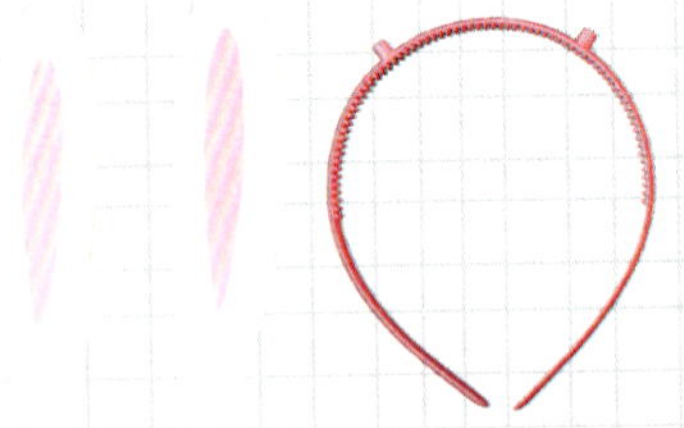

2. 双面胶、弹簧。

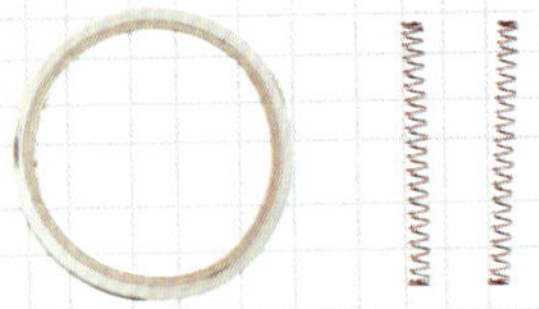

三、游戏玩法

幼儿将两个弹簧分别固定在发箍的两个突起处，再用双面胶将"小兔的耳朵"粘在弹簧上。

将弹簧安装在发箍上

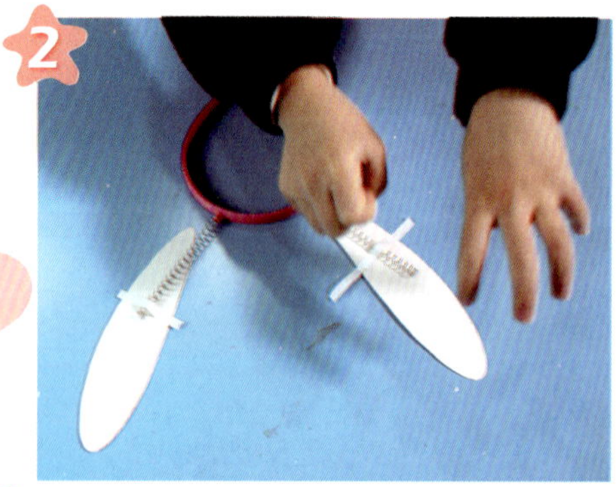

将兔子的耳朵固定在弹簧上

戴上发箍，学小兔跳一跳

四、游戏指导

1. 游戏前，教师可创设“兔子舞会”的游戏情境，引发幼儿制作的兴趣。也可通过“兔子有几只耳朵”“制作兔子的耳朵需要哪些材料”等问题，帮助幼儿梳理游戏材料，并告知游戏制作过程中的注意事项。

2. 游戏中，兔子的耳朵需与发箍保持一定的距离。有的幼儿会将耳朵直接粘在发箍上，这样耳朵就不会跳动，影响了游戏效果。因此，教师需要提醒幼儿注意粘贴的距离，也可以让幼儿对“能跳动的”和“不能跳动的”这两种耳朵进行观察和比较，发现耳朵能“跳动”的秘密。

3. 游戏中，有些兔子耳朵不容易粘牢，此时，教师可以提醒幼儿先将双面胶粘在耳朵的背面，把耳朵贴在弹簧上，再将弹簧固定在发箍上，然后将两只耳朵对齐之后再多粘贴几条双面胶加固，制作时要提醒幼儿将兔子耳朵的方向朝外。

五、游戏建议

1. 制作兔子耳朵的材料可以根据实际情况进行调整。可以使用带有弹簧的发箍，减少制作难度。

2. 游戏可根据需要进行必要的延伸和拓展。如制作完成之后，可以让幼儿戴上自制的兔子耳朵，穿上兔子的服装，举办兔子音乐舞会。

拼拼乐

一、游戏价值

可爱的兔子是什么样子的？它由哪几部分组成？在拼拼、玩玩的过程中，孩子不仅能了解兔子的基本外形特征，还能拓展知识面，认识不同种类的兔子，同时能根据图片对自己的拼摆进行检验。

二、游戏准备

6个面能够分别拼出不同兔子图案的正方体积木9块。

三、游戏玩法

先确定一只兔子图案的一个面，再找出这只兔子的其他部分（共8块），拼成一只完整的兔子。然后按规律拼出另五只兔子，游戏完成。

1 先确定一个面

2 找出其他部分（共8块），拼出一只完整的兔子

四、游戏指导

1. 游戏前，教师可和幼儿讨论“你见过兔子吗”“兔子长得都一样吗”等问题，帮助幼儿丰富相关经验，激发幼儿对兔子探究的兴趣。

2. 游戏中，确定一只兔子图案后，有些幼儿找不到其他部分时，可能会产生急躁的情绪，从而影响游戏效果。此时教师可通过询问幼儿“这只兔子是什么颜色的呢”“背景的颜色一样吗”等，来引导幼儿更细致地观察、发现兔子的外形特征。

3. 游戏中，当拼成一只完整的兔子之后，可通过“小兔子的嘴巴是怎么样的”“小兔子的毛是怎么样的”“小兔子的眼睛是什么颜色”等问题，鼓励幼儿用语言描述如何拼好兔子。

4. 操作熟练之后，可通过“总共有几只兔子呢”“它们都一样吗”等问题，引导幼儿进一步观察不同样子的兔子。

五、游戏建议

1. 春季是最适合进行此游戏的季节。本活动可与饲养活动相结合，让幼儿长期饲养和观察兔子，了解不同种类兔子的外形特征、生长环境、生活习性等。

2. 可以和幼儿一起观看不同种类兔子的视频或图片，包括中国白兔、折耳兔、短耳兔、安哥拉兔等，拓展幼儿对兔子的认知经验。

游戏活动 绒毛小兔

一、游戏价值

大多数孩子都喜欢抚摸小兔子身上柔软、雪白的毛。通过给小兔子身上粘“毛”的游戏，不仅能让孩子感知兔子毛茸茸的特点，进一步了解兔子的身体特征，而且能培养他们撕贴操作的能力和专注力。

二、游戏准备

1. 印有兔子的白色卡纸、弹力絮。

2. 瓦楞纸条、棉签、颜料、固体胶。

三、游戏玩法

用固体胶把弹力絮粘在兔子身体的各个部位，就像给它穿上毛茸茸的衣服。

1 在小兔身上涂固体胶

2 将弹力絮粘贴在兔子身上

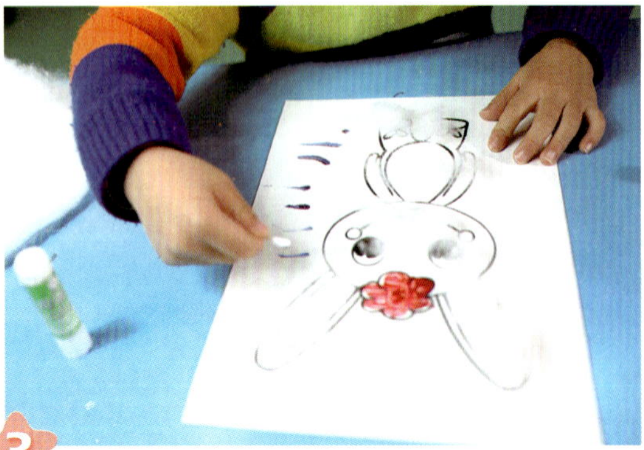

3 用棉签和颜料装饰背景

4 用瓦楞纸条镶边

四、游戏指导

1. 游戏前，教师可与幼儿讨论“兔子身上有什么”“兔子身上的毛是怎样的”等问题，引导幼儿说一说兔子的外形特征。

2. 当进行撕贴游戏时，有些幼儿可能因为缺乏耐心而将弹力絮全部粘贴在兔子的肚子上，教师可通过“你给兔子穿上完整的衣服了吗”等问题引导幼儿注意游戏情境和游戏规则。

3. 游戏中，有些幼儿会急于求成，将一大团弹力絮粘在兔子身上，教师可将卡纸朝下，引导他们观察和比较兔毛是否“粘牢”、发现没有粘牢的原因，可提醒幼儿将弹力絮撕成一小团一小团，方便粘贴。

五、游戏建议

1. 除了弹力絮，教师还可以引导幼儿使用棉花或纸巾进行粘贴。

2. 可根据需要对游戏作必要的延伸和拓展。如将幼儿的兔子作品悬挂在墙上，供其他幼儿欣赏，还可以提供不同类型的小兔图案，让幼儿自由选择制作，增加粘贴的趣味性。

兔子食谱

一、游戏价值

萝卜和青菜是小兔子最喜爱的食物吗？小兔子还喜欢吃什么呢？在本游戏中，孩子们通过走迷宫的方式使小兔子“吃”到各种各样的食物，孩子们在操作过程中不仅可以了解兔子的饮食习惯，而且能感知磁铁的特性。

二、游戏准备

1. 磁铁。

2. 回形针。

3. 迷宫图。

4. 小兔子和各种食物的图片。

三、游戏玩法

1. 幼儿从卡纸上取下小兔子和食物的图片，并将回形针固定在图片上，随后将食物图片摆放在迷宫图上各处，将小兔子图片摆放在小兔子的家中。

2. 幼儿手持磁铁从兔子的家出发，用磁铁吸住食物图片，通过走迷宫的方式将食物一个一个地搬回小兔子的家。

1 取下小兔子和食物的图片

2 将回形针固定在图片上

3 将装有回形针的兔子和食物图片摆放好

4 用磁铁一一将食物搬回小兔子的家

四、游戏指导

1. 游戏时，教师可用“小兔子喜欢吃什么”“你是怎么知道的”等问题，帮助幼儿回忆、了解兔子喜欢的食物，创设“小兔子好饿啊，你能想办法让小兔子吃到所有它喜欢吃的食物吗”的游戏情境，促使幼儿产生游戏的兴趣。

2. 游戏中，有些幼儿可能直接用手将食物全部搬过来，教师可通过“小兔子个子小小的，一下子搬不了那么多”“一次只能搬一个”等语言提醒幼儿注意游戏情境和规则，引导幼儿利用磁铁的特性，将食物一个一个地“吸”回家。

五、游戏建议

1. 教师可根据实际情况对游戏材料进行调整，可以提供不同类型的迷宫，也可以增加食物的种类。

2. 还可适时增加游戏难度，通过讲故事的方式来完成操作。如：“有一天，大耳朵兔子的肚子有些饿了，它需要找一些东西来吃。出了门，可真幸运呀，它遇到了××，于是赶紧把它搬回家，啊呜啊呜，真好吃……”小班幼儿的语言表达能力有限，因此在幼儿讲述的时候，教师不需要特别关注幼儿语言表达的准确性，只要能用简单的语言进行表达即可。

我的连衣裙

设计意图:

《我的连衣裙》是一本画面简单明快,同时又充满想象的图画书。书中爱美的小兔子就像一个喜欢穿不同裙子的小姑娘,也像每天早上起床后自己挑选漂亮衣服的小朋友一样,喜欢各种各样的美丽的衣服。同时,一个随时会变成各种不同图案充满魔力的连衣裙也给了孩子们无限想象的可能,孩子们可以仔细观察画面,表达自己对绘本画面和故事的理解,去发现美、感受美。通过本活动也为"大耳朵兔兔"单元的开展打开了新的思路,激发孩子们对兔子的喜爱之情。

活动目标:

1. 观察画面,能用自己的话说说小兔连衣裙发生的变化。
2. 尝试学说句子"我穿上××花样的连衣裙,漂亮吗"。

活动重难点:

1. 重点:能用自己的语言简单表述小兔连衣裙图案发生的变化。
2. 难点:学会说"我穿上××花样的连衣裙,漂亮吗"并尝试在活动中运用。

活动准备:

多媒体课件、绘本。

活动过程:

1. 小兔有了连衣裙。

● 教师逐幅出示绘本(阅读绘本第1~6页)。

——天空中飘来一块雪白的布,飘呀飘呀,从天上飘了下来。这块布能做什么呢?做一条连衣裙,小兔穿上漂亮吗?

——小兔可高兴了,它穿着白色连衣裙准备出去散步,会发生什么事情呢?

2. 连衣裙真漂亮。

●花朵花样的连衣裙(阅读绘本第7~11页)。

——我喜欢走在花田里,看,白色的连衣裙发生了什么变化?

——小兔子的白色连衣裙上为什么会有了花朵花样呢?

——你们看,我穿上花朵花样的连衣裙漂亮吗?

●小雨花样的连衣裙(阅读绘本第12~17页)。

——哎呀，天下雨了。

——小兔的连衣裙又发生了什么不一样的变化？

——你们看，我穿上雨点花样的连衣裙漂亮吗？

——教师小结：原来小兔的连衣裙会变魔术，走到不同的地方会变出不一样的花纹。

3. 连衣裙变变变。

●教师出示草籽花样、小鸟花样和彩虹花样的连衣裙，引导幼儿观察并提问。

——小兔的连衣裙又发生了变化，看，变成了哪些不一样的花样？

——小兔的连衣裙发生了这样的变化，你们觉得小兔去了什么地方？发生了什么事情？

4. 连衣裙的故事。

●幼儿完整欣赏绘本故事，学说“我穿上××花样的连衣裙，漂亮吗”。

——小兔的连衣裙变出了不同的花样，和你们说的一样吗？我们一起来读《我的连衣裙》这本书，看看故事里到底发生了什么。

活动延伸：

引导幼儿思考小兔的连衣裙还可以是什么样式的，幼儿可以尝试用自己喜欢的图案为小兔设计衣服，并在美工区用不同的绘画形式创作“小兔的连衣裙”。

教学反思：

《我的连衣裙》，这是一本非常适合小班幼儿看的图画书。它是以三拍子节奏展开的，即在图画书中有不断重复的画面结构“1、2、3”“1、2、3”地一遍遍重复着，类似于音乐里的节拍，非常符合小班幼儿的阅读节奏，他们喜欢这种重复，也期盼这种重复。因此，在教学活动中，教师的活动过程也需要适应图画书的节奏，给孩子充分感知的机会。同时，图画书中小兔子的连衣裙随着环境的变化图案就随之改变，让幼儿感到十分新奇并兴致盎然。教师如果能在分页解读的过程中融合一些好玩的小游戏或互动形式，活动就会变得更加丰富和有趣。

连衣裙变变变

设计意图:

在“小兔的连衣裙”活动中,孩子们已经对图画书的内容有了充分的理解,并学习用简短的语句表达小兔连衣裙的变化。本活动则以艺术创作的方式让幼儿感受连衣裙的变化之美。活动通过选择颜料印画、透明玻璃纸“照相”两种不同的创作方式引导幼儿从不同角度去发现并表达自己对美的理解,把连衣裙和生活中的各种图案联系在一起,让幼儿将自己的生活经验运用到艺术创作中来。

活动目标:

1. 用印画的方式为小兔的连衣裙设计不同的花纹。
2. 用简单的语言说说小兔的连衣裙发生的变化。

活动重难点:

1. 重点:能在活动室、植物角、花园等地积极为小兔寻找到适合它的连衣裙图样。
2. 难点:能用现有提供的材料,来印画出寻找到的图样。

活动准备:

1. 画有小兔的玻璃纸。
2. 用KT板制作的大兔子,颜料、蔬菜、积木等印画材料。

活动过程:

1. 连衣裙的猜想。

● 教师出示透明玻璃纸小兔。

——小朋友,小兔说:它还想要更多漂亮的连衣裙。就让我们带它去我们幼儿园里散散步吧。

2. 连衣裙变变变。

● 请幼儿带上透明玻璃纸小兔去寻找幼儿园美丽、有趣的地方。

——你带小兔找到了哪里?

- 幼儿找好后，教师拍照记录。
- 展示照片，鼓励幼儿跟大家分享自己的发现。

——你的小兔的连衣裙变出了什么花样？

3. 连衣裙印画。

- 教师简单介绍印画的玩法，鼓励幼儿大胆地选择工具进行印画。

——老师这里有一些颜料和绘画工具，一起来帮小兔画出漂亮的连衣裙吧。

——你们想给小兔设计一条怎么样的连衣裙呢？

4. 漂亮的连衣裙。

- 教师展示幼儿的作品，请幼儿相互欣赏。

——小兔说：小朋友们真厉害，帮我设计了这么多好看的连衣裙，我好喜欢这些连衣裙，谢谢你们。

活动延伸：

印画游戏结束后，在相互欣赏的过程中，可以请幼儿尝试用自己的语言说一说小兔的连衣裙的故事。

教学反思:

色彩是吸引幼儿注意力的关键因素。仔细观察小兔子连衣裙的色彩和图案变化后,我们尝试用蔬菜、积木等印画材料进行好玩的色彩游戏,激发了幼儿对美的追求和探索。

花纹、色彩是构成服饰美的两大元素,这些美丽的花纹和色彩离我们的生活并不遥远,而幼儿园中也充满着这些美的元素,活动室、植物角、小花园、小木屋等地都有,在幼儿园里寻找设计连衣裙的图案,需要幼儿拥有一双会发现美的眼睛。活动借用一只透明的小兔,引导幼儿寻找生活中的美景为小兔设计连衣裙,除了花朵、小树等常见图案,还有石头、滑滑梯、汽车玩具、沙子等图案,这大大拓展了幼儿的视野,充盈了幼儿的心灵。小班幼儿的想象是很丰富、也很有趣的,但在印画操作的时候,他们所呈现的作品也可能与之前的想象是脱节的,这是符合他们的年龄特点的。

一、活动准备

1. 铁网格，绳子，萝卜、青菜、饲料等。

2. 游戏场地布置：一片较为宽敞的草地。

二、操作方法

1. 观察兔子的外形及饮食习惯，将不同的食物切成条状或块状喂食兔子，定时喂养并作记录，试图比较不同种类兔子的差异。

2. 积累经验后，幼儿选择一只兔子作持续观察，探究兔子喜欢吃的东西并与同伴分享自己的探索和发现。

三、操作指导

1. 喂养前，请幼儿自己准备兔子可能喜欢吃的食物，拓展幼儿对兔子食物的认知。

2. 喂养时，提醒幼儿对兔子进行适时、适量的喂养，以免造成食物的浪费。

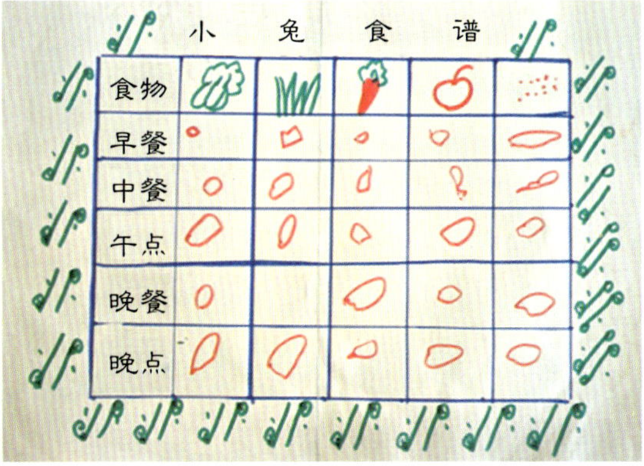

兔子的家

一、活动准备

铁架子、绒棒、丝带、各种图形的小纸片、绉纸等材料。

二、操作方法

1. 教师用各种铁架子自主搭建兔子的家。
2. 幼儿几个人为一组，选择不同的材料，用绘画、粘贴、捆绑、缠绕等方法装扮兔笼。

三、操作指导

1. 搭建兔笼之前，了解兔子的大小，确保兔子不会从笼子的间隙钻出。
2. 在装饰兔笼时，引导幼儿选择1～2种装饰方法美化兔笼即可，方法不宜过多。

绘本资源链接

1. ［德］霍尔茨瓦特文，埃布鲁赫图. 是谁嗯嗯在我头上. 石家庄：河北教育出版社，2007.
2. ［英］山姆 · 麦克布雷尼文 ，安妮塔 · 婕朗图. 猜猜我有多爱你. 济南：明天出版社，2006.
3. ［美］玛格丽特 · 怀兹 · 布朗文，克雷门 · 赫德图. 逃家小兔. 济南：明天出版社，2008.
4. ［英］比阿特丽克斯 · 波特绘著. 比得兔的世界. 北京：连环画出版社，2013.
5. ［日］西卷茅子. 我的连衣裙. 济南：明天出版社，2008.
6. ［日］加思 · 威廉斯. 黑兔和白兔. 海口：南海出版社，2010.
7. ［英］布莱克文，［德］舍夫勒绘. 我不知道我是谁. 北京：新星出版社，2013.
8. ［瑞士］约克 · 史坦纳文，约克 · 米勒图. 再见了，小兔子. 海口：南海出版社，2010.

小班 · 单元三

彩色的世界

区域活动：彩色泡泡

体验色彩创作带来的乐趣。

区域活动：纸浆游戏

制作彩色纸浆，感知色彩的多样性。

集体教学活动：变色鸟

观察画面，发现色彩混合后发生的变化，对色彩的融合现象感兴趣。

游戏活动：棒棒糖

感知不同材料呈现的色彩效果，体验色彩组合的美感。

游戏活动：滚珠画

感知不同形状物体的运动轨迹，体验色彩混合的效果。

游戏活动：摇摇乐

体验色彩混合的有趣变化。

区域活动：好喝的饮料

感受生活中色彩的多样性，体验色彩混合所带来的变化。

游戏活动：彩色眼镜

感知色彩组合、叠加产生的变化。

单元说明

小班孩子的特点之一是喜欢色彩鲜艳的东西，在他们的眼中到处都是漂亮的颜色，红的花、绿的草、蓝的天、白的云，色彩无处不在。在这色彩缤纷的世界中，孩子们经常通过涂涂画画表现出探索的兴趣和求知的欲望。他们天生就是艺术家，喜欢摆弄所有能接触到的绘画工具，颜色的变化往往让他们兴奋、惊喜。

“彩色的世界”单元活动中，孩子们通过各种形式的活动去寻找和发现生活中常见的色彩，认识和感知色彩的丰富多样；通过制作饮料、彩色眼镜、纸浆作画等“玩色”活动，以及阅读科学图画书《变色鸟》，感知红、黄、蓝三原色的组合变化所带来的神奇效果，并在探索游戏材料过程中感知不同材料所产生的不同效果，初步掌握各种玩色技能（如涂、粘贴、拓印、吹画、点画等），从而提高对色彩的敏感度，产生对色彩的兴趣。

游戏活动 棒棒糖

一、游戏价值

色彩鲜艳的棒棒糖是孩子们的最爱。将电光纸、胶水和透明有机玻璃经过简单的组合就能变出好看的棒棒糖哦！不同色彩组合在一起所形成的视觉冲击，对孩子们来说是最新奇的。孩子们还能在动手完成作品的过程中体会到成功的喜悦。

二、游戏准备

彩色电光纸、胶水、用透明有机玻璃制成的棒棒糖、画笔。

三、游戏玩法

将胶水挤在透明有机玻璃上，并用画笔将其涂抹均匀，然后将彩色电光纸撒在透明有机玻璃上，一根好看的棒棒糖就制作完成了。

1 将胶水挤在透明有机玻璃上

2 用画笔将胶水涂匀

3 将彩色电光纸撒在涂了胶水的玻璃上

4 彩色棒棒糖制作完成

四、游戏指导

1. 制作过程中可能会出现挤不出胶水的情况，教师可适当帮助幼儿，或是请幼儿互相帮助。

2. 胶水的多少对棒棒糖的制作影响较大，教师可引导幼儿去发现其中的关系。当胶水挤在一起、涂得不均匀时，装饰棒棒糖的材料就只能粘贴在中间位置；如果胶水挤得太少，做出来的棒棒糖也不够美观。

3. 在幼儿制作过程中，教师可有意识地引导幼儿用胶水画出自己喜欢的图形，如圆形、螺旋形等。

五、游戏建议

1. 制作棒棒糖的材料可以根据班级情况进行替换和调整，如提供太空泥、颜料、贴纸等材料，还可以提供彩色电光纸供幼儿自己制作图案。

2. 对小班幼儿来说，有情境的游戏能激发他们活动的兴趣，可将游戏活动与班级的角色游戏区，如小吃店、娃娃家等进行联动。

3. 教师可以自己制作透明有机玻璃棒棒糖：将塑封纸直接塑封好后剪成自己喜欢的形状；随后用吸管当作棒棒糖的柄，将吸管一端剪开一小段，将剪好的塑封纸插进吸管中，并用透明胶固定好即可。

游戏活动 滚珠画

一、游戏价值

不同形状的物体会形成怎样的运动轨迹呢？在本游戏中，孩子们选择几个不同形状的物体，蘸上不同的颜料，在小托盘中的白纸上来回滚动，这一过程不仅能让孩子感知不同形状物体的不同运动轨迹，同时，不同色彩之间混合变化的效果还能让孩子们感知色彩的奇妙，创作出的美丽图画还给孩子们带来不一样的作画体验！

二、游戏准备

1. 用于制作托盘的薄纸板、双面胶、大小不同的圆锥体和圆柱体。

2. 大小不同的圆珠、白纸、不同色彩的颜料。

三、游戏玩法

1. 制作小托盘。

1 将薄纸板做成小托盘

2 将白纸放进小托盘

2. 创作滚珠画。选择一种滚珠，蘸上颜料，将其放在托盘中，晃动托盘，滚珠就会勾勒出各种线条。多试几次，就会勾勒出一幅美丽的图画。

3 选择滚珠并蘸上喜欢的颜色

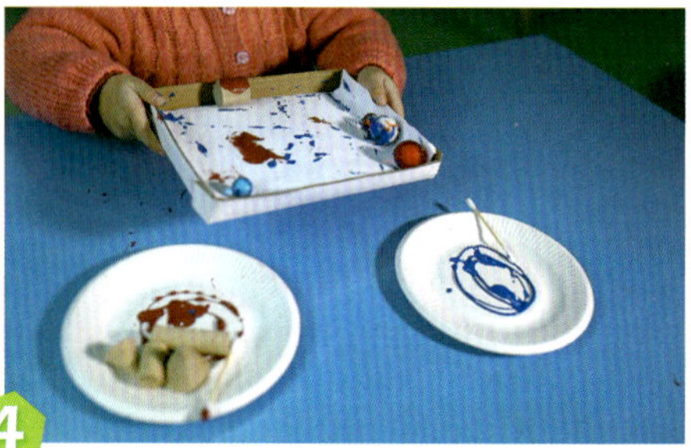

4 晃动托盘，观察滚珠勾勒的线条

四、游戏指导

1. 滚珠上颜料的多少对滚珠滚出的线条影响较大，因此，教师在指导的时候，可以有意识地引导幼儿关注颜料的多少。

2. 当幼儿运用多种颜料进行游戏时，滚珠画的线条交叉会造成色彩的混合变化，教师可以用“这个线条你用了哪种颜色”“为什么这里的颜色变成了×色呢”等问题，引导幼儿去观察和发现色彩的混合变化。

3. 游戏中使用的滚珠种类较多，教师在提供给幼儿的时候可以有先后顺序，如：刚开始只提供大小不同的圆珠，幼儿游戏一段时间后再提供圆柱体形状的“滚珠”，隔一段时间再提供圆锥体形状的“滚珠”，让幼儿体验每一种滚珠滚动的过程，观察其滚出线条的差异。

4. 对小班幼儿来说，对不同的滚动轨迹进行观察、比较是较为困难的，因此教师可以与个别有发现的幼儿进行讨论，而不必强求每个幼儿都能有所发现，最重要的是让幼儿在充分感知的基础上将个体智慧提升为集体智慧。

五、游戏建议

1. 游戏初期可以只提供红、黄、蓝三原色，让幼儿感知三原色的组合变化。

2. 需要为幼儿作品提供展示的地方，此外还可以为幼儿提供一些教师自己制作的滚珠画给幼儿欣赏，引发幼儿参与游戏的兴趣。

3. 还可以请幼儿自己去寻找滚珠替代物来进行游戏。

游戏活动 彩色眼镜

一、游戏价值

带上红色的眼镜，我们看到的世界是红色的吗？带上绿色的眼镜呢，会是绿色的吗？如果同时带上红色和绿色的眼镜，看到的又会是什么颜色呢？彩色眼镜里不同镜片之间的组合，可以让孩子们充分感知色彩融合后的变化，体验色彩斑斓的周围世界。

二、游戏准备

1. 纸质眼镜模型。

2. 双面胶。

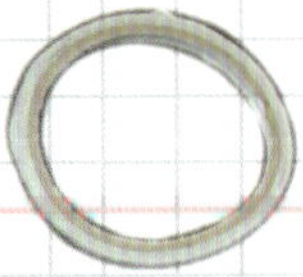

3. 各种颜色的镜片。

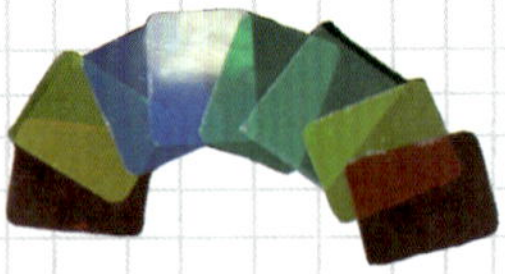

三、游戏玩法

将镜框模型按照折痕折好，并用双面胶将眼镜固定。将各种颜色的镜片插进镜框中，观察周围的事物。

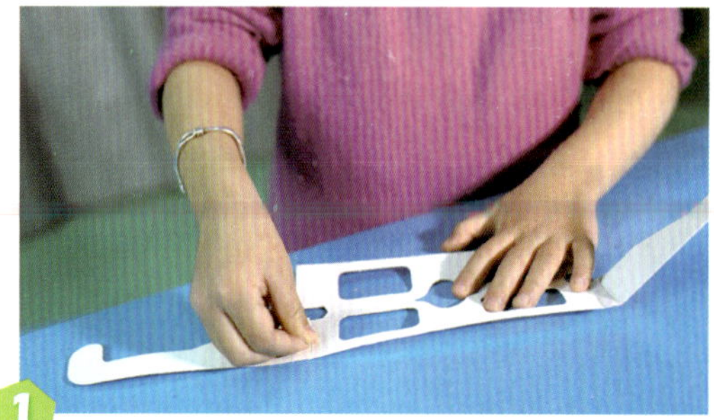

1 按照折痕将镜框折好

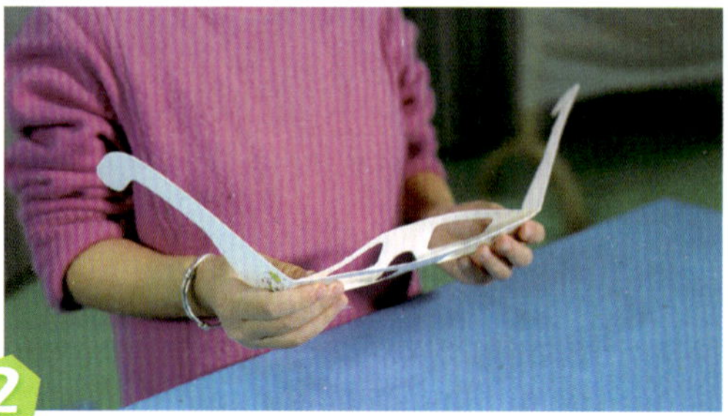

2 用双面胶固定好镜框

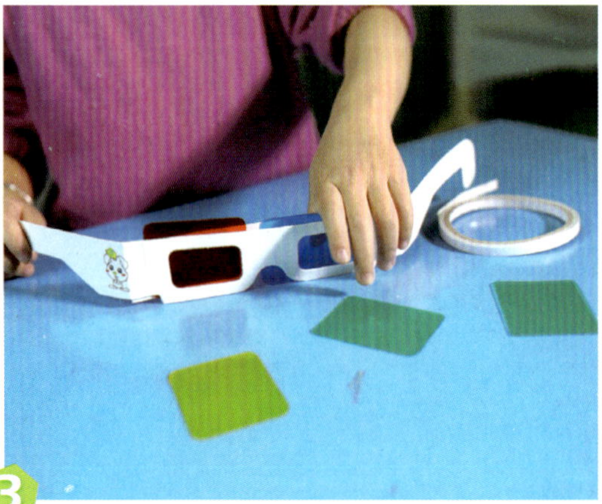

3 选择喜欢的镜片放进镜框中

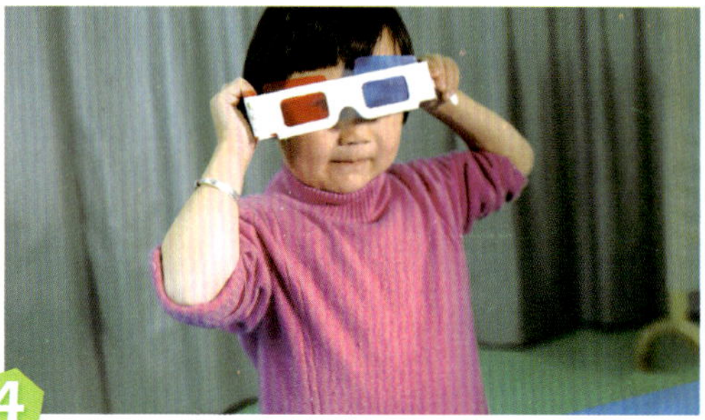

4 戴上彩色眼镜，观察周围

四、游戏指导

1. 游戏开始前，教师可先提供制作好的彩色眼镜，一边演示一边和幼儿讨论：“戴上红色的眼镜，看到的会是什么颜色？”“戴上绿色的眼镜会看到什么颜色？”“红色和黄色两个镜片加在一起会看到什么颜色呢？”以此激发幼儿游戏的兴趣。

2. 制作镜框时，在固定的几个地方，如两边的镜架、镜架中间的横梁处需要用双面胶固定，否则镜片在镜框中的位置会偏移。同时，要注意眼镜中镜片的上方不能粘在一起，否则镜片会插不进去。教师在幼儿制作时可根据情况适时加以提醒。

3. 部分小班幼儿可能还不能熟练地使用双面胶，教师可为他们提供固体胶等其他材料。

4. 游戏中，多数幼儿可能会使用同一种颜色的镜片，或是在两个镜框中使用不同颜色的镜片，教师还可建议幼儿在同一镜框中使用两种不同颜色的镜片，看看会发生怎样的变化。

五、游戏建议

本游戏可以在不同的场景中进行。如在天气晴朗有阳光的时候，可以请幼儿戴上彩色眼镜，去幼儿园观察花草树木、大型玩具，感知它们的色彩变化；还可以创设“暗房”，为幼儿提供手电筒，请他们戴上眼镜，去感知光影的色彩变化。

摇摇乐

一、游戏价值

为什么用力摇一摇矿泉水瓶，瓶中的水就会变了颜色呢？为什么再摇一摇，有颜色的水中还会出现泡泡呢？这些神奇的现象在游戏“摇摇乐”中都能找到答案。在瓶盖内侧涂颜料以及向瓶中加入洗手液，使得一瓶矿泉水变得有趣、神奇，同时也能让幼儿感知色彩的变化，发现泡泡与颜料分离的现象。

二、游戏准备

1. 棉签。

2. 透明矿泉水瓶。

3. 洗手液。

4. 各色颜料。

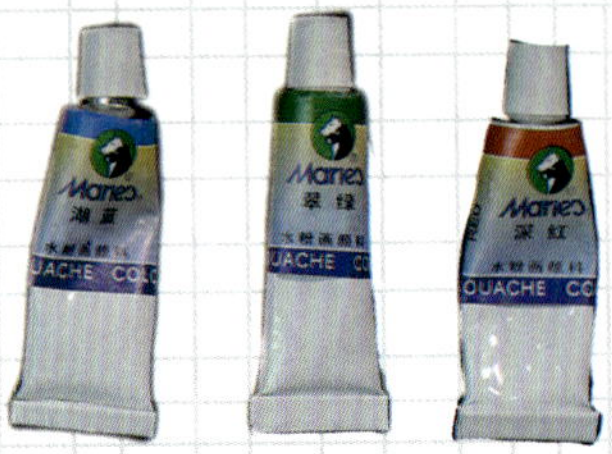

三、游戏玩法

将水加到透明矿泉水瓶的三分之二处，用棉签将颜料涂在瓶盖内侧，用力摇晃瓶子，水就变了颜色。随后将洗手液倒入瓶中，再次摇晃，就能看到泡泡与颜料分离的现象了。

1 在瓶盖内侧涂上喜欢的颜色

2 盖上瓶盖，摇晃矿泉水瓶

向矿泉水瓶中滴入洗手液

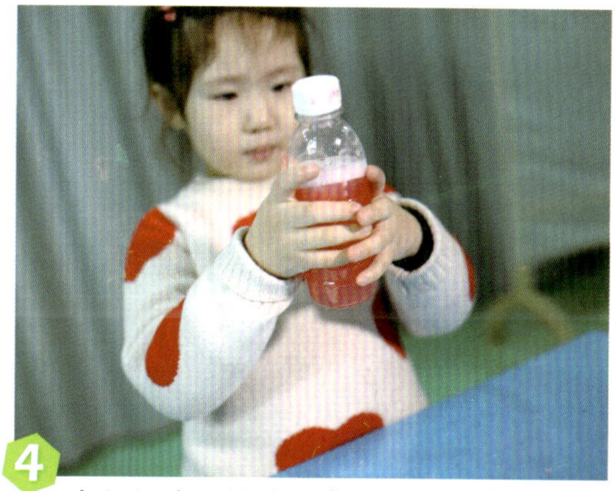

盖上瓶盖，摇晃矿泉水瓶，观察变化

四、游戏指导

1. 游戏前，教师可先制作一瓶“摇摇乐”，请幼儿自己用力摇晃，看看发生了什么神奇的变化，并和幼儿一起讨论“为什么瓶子里的水会变颜色呢”“为什么瓶子里会出现泡泡”等。

2. 瓶盖内颜料的多少与瓶中水颜色的深浅有直接关系。教师可在幼儿操作过程中引导幼儿：“你的‘摇摇乐’颜色很淡（很深），有没有什么办法让它变得深（浅）一些呢？”当然，如果瓶盖里的颜料过多，颜料会直接滴到瓶中，因此，涂颜料时应提醒幼儿不要涂得过多。

3. 瓶中的水如果太少，在摇晃“摇摇乐”时会比较吃力，提醒幼儿水不可过少。

4. 游戏中，有的幼儿可能会摇不出泡泡，教师可建议其多放一些洗手液试试。

5. 教师还可根据幼儿的个别情况，建议其在瓶盖内侧涂上两种不同的颜色，看看瓶中的水会发生怎样的变化。

五、游戏建议

1. “摇摇乐”制作完成后，还可提供小脸盆和吸管，请幼儿吹出一座“泡泡山”。

2. 洗手液也可用泡泡水或洗洁精替代。教师可鼓励幼儿自己在家中尝试用其他材料来进行游戏。

变 色 鸟

设计意图：

多数小班幼儿已经能够正确区分红色、蓝色、绿色、黄色等几种常见的颜色，通过游戏，他们对浅绿色、粉红色、紫色、橘黄色等以往并不熟悉的色彩也有了一定的了解。同时，在色彩活动中，孩子们需要将用过的材料和多余的颜料放入水池清洗，在这样的过程中，多种颜色发生的混合变化会让孩子们非常惊奇。“哇！好多颜色啊！好漂亮哦！”当然，当所有颜色混在一起后，他们也会说：“你快看！彩色的水变黑了！好脏啊！”

本活动用富有诗意的故事讲述了最基本的色彩原理：白鸟吃下红色的果子，长出红色的羽毛；吃下黄色的果子，长出黄色的羽毛；吃下蓝色的果子，长出蓝色的羽毛。当它吃了很多种色彩的果子以后，就成了一只黑色的鸟。孩子们在阅读过程中可以感受到色彩变化的原理（两种颜色混合在一起能变出另外一种新颜色），将其在游戏中感知和发现的现象，通过绘本阅读的方式进行有效的巩固、总结和升华。

活动目标：

1. 观察图画书画面并理解内容，尝试用语言表述自己的发现。
2. 观察色彩混合发生的变化，初步感知变色的规律，对色彩的融合现象感兴趣。

活动重难点：

1. 重点：初步感知红、黄、蓝三原色的混合变化。
2. 难点：能用较为准确的语言表达自己对画面的理解。

活动准备：

《变色鸟》图画书、PPT、果子和羽毛的图片。

活动过程：

1. 找找身边的色彩。

● 简话引出主题，激发幼儿阅读的兴趣。

——今天老师穿了一件什么颜色的衣服呀？你身上有什么漂亮的颜色？你旁边的小朋友身上有好看的颜色吗？（教师事先穿一件色彩鲜艳的衣服。）

2. 变色鸟变色了。

● 师幼共读封面，观察封面上的变色鸟。

——这是书的封面，你在封面上看到了什么？

——封面上的鸟是什么样子的?

● 师幼共读扉页，发现变色鸟的变化。

——现在这只鸟和刚才看到的鸟一样吗?它有什么变化呢?

——为什么它会变颜色呢?

3. 红、黄、蓝变变变。

● 幼儿自主阅读图画书第1～12页，发现变色鸟从白鸟到彩色鸟的逐步变化过程，初步感知红、黄、蓝三原色的变化原理。

——请小朋友们仔细看看每一页的变色鸟都有什么变化。(教师缓慢翻阅每一页PPT，给幼儿充足的时间观察讨论画面。)

● 师幼共读图画书第1～12页，观察发现白鸟到彩色鸟的变化过程。

——白鸟是怎么慢慢地变成彩色鸟的?(根据白鸟的变化顺序出示准备好的果子、羽毛等图卡。)

● 梳理三原色的混合变化。

——白鸟吃了那么多颜色的果子，就变成了什么鸟?

——它的羽毛又多了哪些颜色?为什么?

● 师幼共同完整阅读图画书第1～12页，再次感知变色鸟的变化过程。

4. 变色鸟变黑了。

——彩色鸟什么颜色的果子都吃，猜猜看，彩色鸟最后变成什么颜色了?

活动延伸:

本活动中幼儿只阅读了图画书的部分内容，教师可以将图画书放在班级阅读角中，让幼儿自主翻阅，完整阅读整个故事。

教学反思:

首先，就阅读方式来说，本活动中使用PPT课件让幼儿和教师共同阅读绘本，而并没有采用人手一书的方式。主要是因为大多数小班幼儿并没有养成一页一页翻书的习惯，同时阅读的注意力集中时间较短，阅读时需要成人的引导和关注，因此，师幼共读可能比人手一书的方式更为恰当。

其次，阅读封面和扉页是让幼儿整体了解图画书内容的重要过程，同时也能帮助幼儿逐渐形成良好的阅读习惯。但就整本书的内容而言，绘本的信息量较大，因而需要教师根据儿童发展进行删选，所以活动中对封面和扉页的阅读时间不宜太长。

最后，本活动中采用小图片的方式帮助幼儿梳理阅读经验，但是小图片的出示对于幼儿来说毕竟是一种间接经验，从整个活动的角度来看，阅读策略仍然较为单一，如果能在阅读中能使用颜料，让幼儿自己动手操作，直接感知，相信幼儿的感受会更加深刻。

好喝的饮料

一、活动准备

各种透明矿泉水瓶，装水的小盆，奶粉勺，干毛巾，大块海绵，小剪刀，各色颜料。

二、操作方法

1. 制作“果粒”：幼儿将海绵剪成小块，然后将小块海绵放进颜料里进行浸染，最后放到户外晾干。

1

2

2. 制作“饮料”：幼儿将晾干的小海绵放入矿泉水瓶中，加入水后摇晃，利用所提供的材料制作自己喜欢的饮料。

三、操作指导

1. 活动需要用到水、颜料等多种材料，教师需要特别注意幼儿操作习惯的培养，提醒幼儿及时清洁，保持卫生。

2. 尽量鼓励每个幼儿去完整体验游戏的过程。

3. 可以将活动与其他角色游戏，如娃娃家等联动起来进行，增加活动的情境性。

一、活动准备

1. 制作纸浆的材料：各种各样的纸（如报纸、废旧餐巾纸、杂志等），水桶，擀面杖，胶水，各色颜料。

2. 装饰活动基本材料：幼儿自制的各色纸浆，石头、瓶子、卡纸、CD盒、木板等低结构材料，幼儿自制的各种蛋糕胚、手表胚、发夹胚等。

3. 装饰活动辅助材料：各种各样的珠子、纽扣，不同颜色的吸管、绉纸，棉球，玉米粒等。

1

二、操作方法

1. 自由选择不同材质的纸，将其撕碎放入桶中。加入颜料水和胶水，自主探索制作纸浆的方法，制作自己所需要的纸浆。

2. 自由选择喜欢的模胚（如蛋糕、发夹、手表等），运用各色纸浆进行装饰。

3. 选择自己喜欢的辅助材料，进一步美化作品。

2

3

4

三、操作指导

1. 从制作纸浆到装饰、美化作品是一个完整的过程，因而需要有意识地引导幼儿完整经历探究过程。尤其需要幼儿自主参与对各种纸的收集和分类，以了解每个过程的目的与意义。

2. 有意识地观察、比较、分类和表述对小班幼儿来说还比较困难，因此活动以激发幼儿探究的兴趣为主要目标，教师在引导时需要注意小班幼儿的年龄特点，不宜对他们提出过高的要求。

3. 纸浆的创作和装饰是小班幼儿特别喜欢的活动，教师在引导时可以多为幼儿提供一些纸浆作品供其欣赏。

彩色泡泡

一、活动准备

各色颜料、画纸、瓶盖、吹泡器、大张白色卡纸、气球。

二、操作方法

1. 选一个瓶盖，蘸一些颜料，用力压一压，压出一个小泡泡。

2. 拿一根吸管轻轻地蘸上颜料，在吸管另一端吹气，轻轻地吹出泡泡，在画纸上留下彩色的泡泡。

3. 幼儿自由选择自己喜欢的颜料，然后用气球蘸取，并在白色卡纸上按压，印画彩色泡泡。

1

2

三、操作指导

1. 鼓励幼儿大胆作画，用不同的颜色来印画泡泡。

2. 提醒幼儿注意卫生，不要把染色的泡泡吸入嘴中或弄到眼睛里。

3. 引导幼儿观察用气球印出的“泡泡”上的不同纹理。

绘本资源链接

1. 赵天仪，矢崎芳则. 变色鸟. 南京：南京师范大学出版社，2012.
2. ［美］李欧·李奥尼. 小黄和小蓝. 济南：明天出版社，2008.
3. ［美］李欧·李奥尼. 自己的颜色. 海口：南海出版社，2011.
4. ［德］爱娃·海勒. 颜色的战争. 北京：北京科学技术出版社，2012.
5. 黄毅民. 颜色国的秘密. 北京：连环画出版社，2011.
6. ［英］简. “让想象飞”系列之颜色的世界. 北京：海豚出版社，2011.
7. 秦好，史郎. 我的颜色是什么. 北京：北京少年儿童出版社，2005.
8. ［韩］郭英直，李莹贞. 阳光是什么颜色. 北京：电子工业出版社，2008.
9. ［瑞士］德里泽特. 颜色的秘密. 武汉：湖北美术出版社，2010.

小班 · 单元四

奇妙的转动

游戏活动：迷迷转

感知水的张力与迷迷转转动之间的关系。

游戏活动：陀螺

制作陀螺，并想办法让它转起来。

区域活动：纸蜻蜓

体验动手制作的快乐。

游戏活动：竹蜻蜓

体验竹蜻蜓飞上天所带来的快乐。

集体教学活动：会转动的玩具

通过转动玩具感知和表现音乐中的长音和短音。

游戏活动：拉拉转

感知圆盘转动的秘密。

区域活动：拉拉转

体验用不同材料制作拉拉转所带来的快乐。

区域活动：奇妙的转盘

感知转动所带来的色彩和图案的变化。

单元说明

生活中的转动现象随处可见，如风车的转动、车轮的转动、陀螺的转动等，这些有趣的转动深深地吸引着孩子，使其产生浓厚的兴趣和探索的欲望。对小班孩子来说，我们首先要关注的是他们对转动现象的感知和发现，并通过生活中易得、简单的材料进行加工和组合，让他们在游戏中体验转动所带来的奇妙变化，激发他们对科学探究的欲望。在本单元中，我们将转动的科学现象与美术、音乐等艺术活动进行整合，让孩子们在音乐和美术的表现和表达中进一步感知转动的奇妙和有趣。就单元中所呈现的关键经验而言，教师可以根据孩子的已有经验状况对活动的组织顺序进行灵活安排。例如，集体教学活动“会转动的玩具”，既可以放在游戏活动和区域活动之前作为主题的引入，也可以放在区域和游戏活动之后，作为孩子经验的巩固和提升。因而，教师在实践中可根据本班情况灵活选择和调整。

游戏活动 迷迷转

一、游戏价值

材料简单却趣味无穷，只需要半个乒乓球、水和垫板就可以玩“迷迷转”的游戏。在游戏中，孩子们可以不断改变垫板的角度，使一个或多个“迷迷转”在垫板上飞快地转动起来，既能感知水的张力使“迷迷转”转起来的神奇，同时还能发现自身用力的大小以及垫板倾斜度与“迷迷转”转动之间的关系，从而体验到科学游戏所带来的成就感和快乐。

二、游戏准备

1. 半个乒乓球（迷迷转）、剪刀、垫板、水。

2. 颜料、棉签。

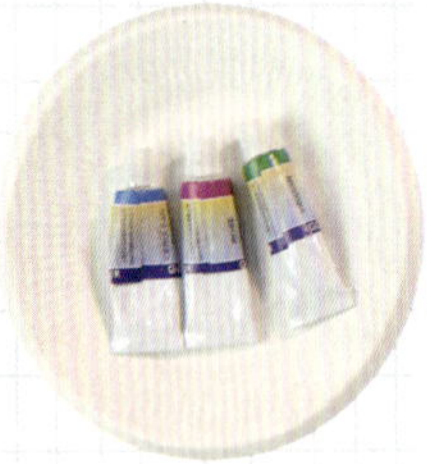

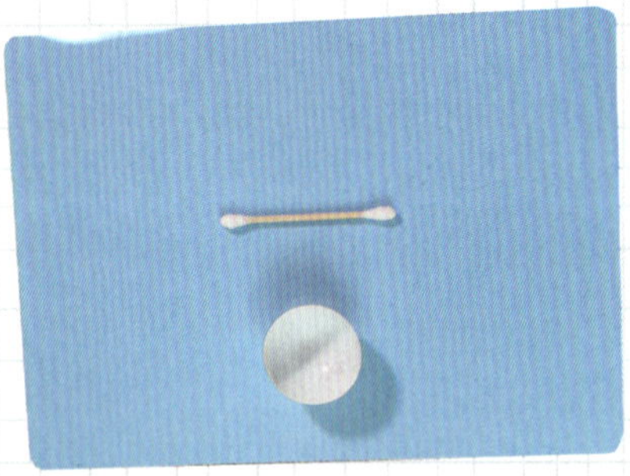

三、游戏玩法

1. 提供垫板和“迷迷转”。幼儿在垫板上放少量水，然后将“迷迷转”放在水上，轻轻地拿起垫板并上下前后摆动，探索让“迷迷转”转起来的方法。

2. 提供棉签和颜料，让幼儿用棉签在“迷迷转”内画上喜欢的图案，观察“迷迷转”旋转时图案的变化。

3. 还可以鼓励幼儿在垫板上多放几个“迷迷转”，比一比谁一次能转更多的“迷迷转”。

① “迷迷转”在蘸水的垫板上转动起来

② 在“迷迷转”里面画上图案

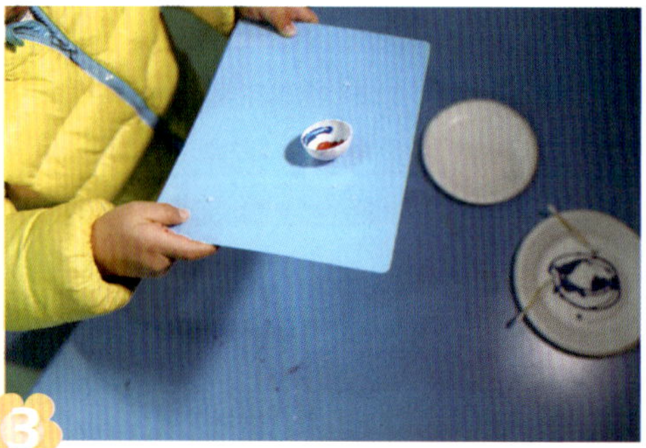

③ 让“迷迷转”在垫板上快速转起来

四、游戏指导

1. 游戏时，教师可以通过“你的‘迷迷转’转起来了吗”“为什么它转不起来呢”等问题，引导幼儿关注水量的多少、自己用力的大小及转动角度的不同对“迷迷转”转动的影响，探索让“迷迷转”转起来的方法。

2. 游戏反复进行后，教师可通过提问“有什么办法可以让‘迷迷转’转得更稳、转得更多”，鼓励幼儿探索让“迷迷转”转得更稳、更多的玩法，并乐意和同伴合作进行游戏。

3. 游戏后期，教师可引导幼儿尝试自己制作“迷迷转”，幼儿可以根据自己的喜好有创意地剪出花边，并用记号笔画出好看的花纹或图案装饰“迷迷转”。

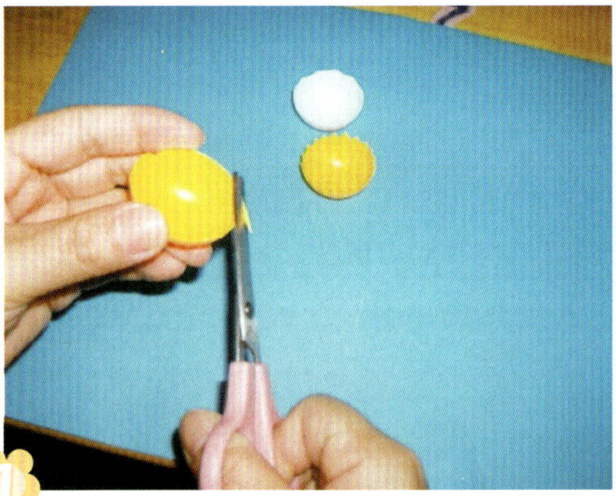

1 先将乒乓球对半剪开，再沿剪开的边剪出“花边”

2 用记号笔在“迷迷转”内画上喜欢的图案

五、游戏建议

1. 除了用记号笔在“迷迷转”内画上自己喜欢的图案外，还可以提供几种不同的颜料、棉签，让幼儿用颜料在“迷迷转”内进行涂画，引导幼儿观察和感知“迷迷转”转起来后色彩的不同变化。

2. 可以用光滑防水的、相对有些硬度的材料作为垫板，如塑封过的纸板等。

游戏活动 陀螺

一、游戏价值

陀螺是中国民间最早的娱乐工具之一。随着时代的变迁，陀螺的制作材料在不断地发展和变化，陀螺种类也在不断丰富，对孩子们依然有很大的吸引力。陀螺能让孩子们在观察旋转现象的同时，享受游戏带来的快乐。在游戏中，孩子们不仅能感知陀螺高速旋转所带来的图案的变化，还能提高动手能力。

二、游戏准备

木质陀螺、各色颜料、棉签、各种图案的圆环纸片、空白圆环纸片、画笔。

三、游戏玩法

1. 幼儿依次将不同的圆环纸片套在木质陀螺上，转动陀螺，观察陀螺上颜色和形状的变化。

2. 幼儿使用颜料和棉签在空白圆环纸片上创作自己喜欢的图案，套在陀螺上，转动陀螺，观察其变化。

① 套上不同的圆环纸片并转动陀螺

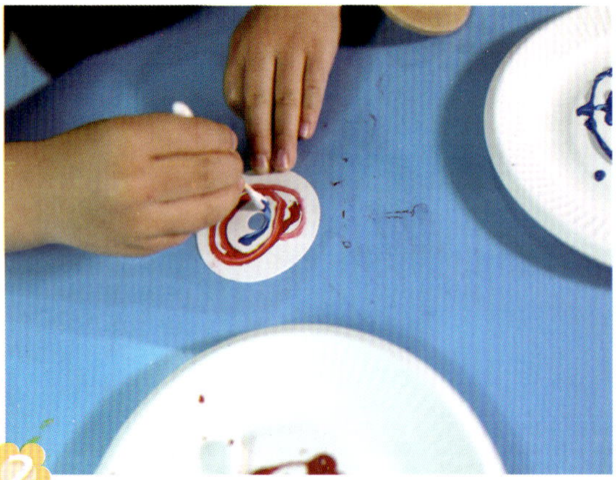

② 装饰自己的陀螺

③ 转动并观察陀螺

四、游戏指导

1. 游戏开始时，教师可先出示一个有图案的陀螺，操作演示并请幼儿观察、思考："老师的陀螺是什么样的？""陀螺上有什么图案呢？""陀螺转起来后图案有什么变化？"随后教师再出示材料，请幼儿自主操作。

2. 游戏中，教师可鼓励幼儿尝试不同的图案，说一说每种图案有什么变化。

3. 在幼儿进行图案创作时，教师可以有意识地引导幼儿进行简单的几何图形组合或不同色彩的搭配，使幼儿能更清晰地观察到陀螺高速运转后图案的变化。同时，还可鼓励幼儿相互交换陀螺，看一看别人的陀螺和自己制作的陀螺有什么不一样。

五、游戏建议

教师可在游戏前或游戏开展之后，为幼儿提供不同类型或不同图案的陀螺，帮助幼儿拓展相关经验，激发他们探究的欲望。

拉拉转

一、游戏价值

将棉线和木质圆盘组合在一起，就能变出好玩的“拉拉转”玩具，这对孩子们来说充满趣味。他们在不断尝试制作“拉拉转”的过程中，会逐渐发现只有将线穿在木质圆盘上圆心对称的两孔中，玩具才能长时间旋转，而且向前甩线时转动的圈数越多，圆盘转动的时间就越长。

二、游戏准备

钻有对称的四个孔的木质圆盘，棉线，不同形状和颜色的装饰材料，颜料。

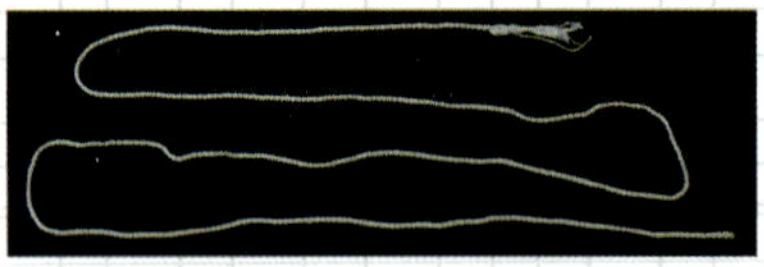

三、游戏玩法

1. 制作“拉拉转”。先将棉线穿过圆盘上圆心对称的两孔，将线的两端系住，再用左右食指分别钩住线套，将线捋顺、拉直，然后不停向前快速甩线，把线绕紧，再将线一拉一松，看看会发生什么变化。

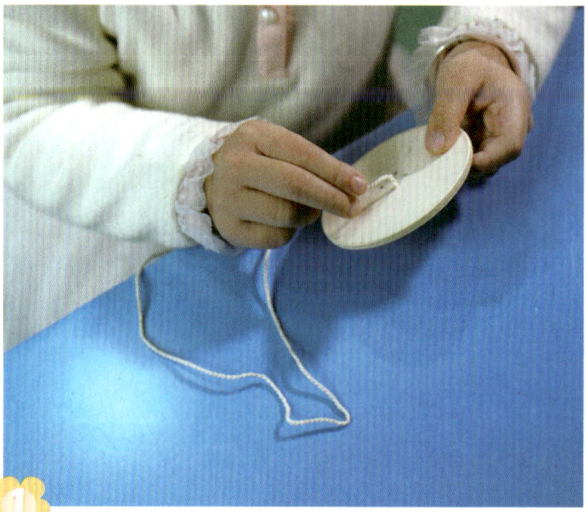

1 将棉线穿过圆盘上对称的孔

2 快速向前甩线，再将线一拉一松

3 将白胶挤在圆盘上

2. 装饰“拉拉转”。幼儿选择自己喜欢的颜料，在木质圆盘上进行装饰，随后转动“拉拉转”，观察图案的变化。

4 选喜欢的图案粘在圆盘上

5 观察转动带来的图案变化

四、游戏指导

1. 活动前，教师可向幼儿演示事先制作好的“拉拉转”，激发幼儿的兴趣。

2. 当幼儿在制作“拉拉转”时，可能会出现将棉线穿进木质圆盘上非圆心对称的两孔的现象，此时教师不必着急纠正幼儿，可以提供两种做法的“拉拉转”，让幼儿边玩边进行比较，看看这两种“拉拉转”有什么不同。

3. “拉拉转”的转动受棉线长短的影响，在幼儿制作时，教师可以帮助幼儿调节棉线的长度。

五、游戏建议

1. 幼儿在玩“拉拉转”时，可能会出现转不起来的情况，教师可提醒幼儿在转动棉线时将棉线捋顺、拉直。有的幼儿的“拉拉转”转动的时间比较短，教师可引导其在向前快速甩线的时候多甩几次，这样线绞得越紧，拉线时线的弹性就越好，转动的时间也就越长。

2. 图案的制作可以有多种方法，可以用颜料画一画，也可以用胶水、电光纸等进行粘贴，教师可鼓励幼儿自主选择。

游戏活动 竹蜻蜓

一、游戏价值

竹蜻蜓和陀螺一样，都是广受孩子们喜爱的民间玩具。游戏时，双手一搓，手一松，竹蜻蜓就会飞上天空，飞舞旋转……游戏中，我们提供了木制圆棒、中间有圆孔的“翅膀”，让幼儿自己组装竹蜻蜓，体验动手操作所带来的快乐。

二、游戏准备

1. 磨砂纸。

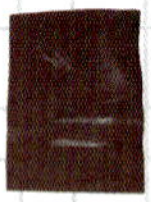

2. 中间有圆孔的“翅膀”。

3. 木制圆棒。

三、游戏玩法

将圆棒插在“翅膀”的圆孔中，双手来回搓动圆棒，再放手，让竹蜻蜓在空中旋转起来吧！

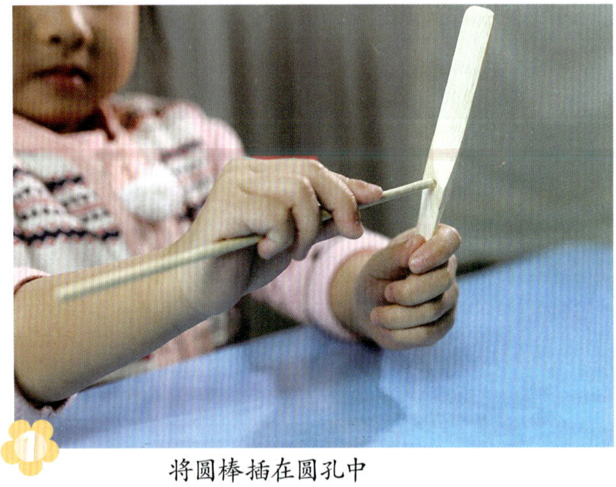

将圆棒插在圆孔中

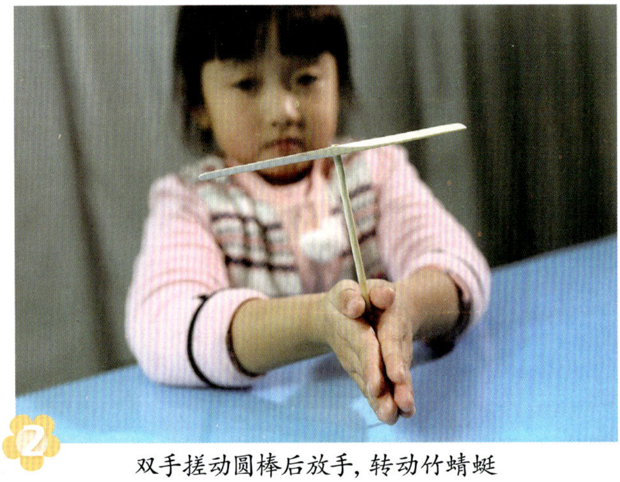

双手搓动圆棒后放手，转动竹蜻蜓

四、游戏指导

1. 组装竹蜻蜓时，教师可引导幼儿仔细观察竹蜻蜓的翅膀，发现翅膀两边对称的特点。

2. 幼儿转动竹蜻蜓圆棒的速度会影响竹蜻蜓在空中转动的时间。当游戏中幼儿提出此问题时，教师可引导幼儿注意转动速度的区别。

3. 组装时，圆棒有可能插不进竹蜻蜓的圆孔，教师可引导幼儿用磨砂纸打磨圆棒，帮助幼儿组装成功。

五、游戏建议

1. 竹蜻蜓的飞行原理和直升机的飞行原理是相同的，都是源于对蜻蜓飞行的探索。教师在游戏前或游戏后可以向幼儿介绍相关的故事，还可以提供一些简单的视频，供幼儿观看和学习。

2. “翅膀”的轻重也会对竹蜻蜓空中转动的效果产生影响。有条件的幼儿园可以提供不同重量的“翅膀”，供幼儿在游戏中进行比较。

会转动的玩具

设计意图:

音乐对孩子具有天生的吸引力，听到好听的声音，孩子会不由自主地调动各种感官去表达自己的感受。对孩子来说，通过不同的方式去感知其生活周围的各种事物是其进行科学探究的关键。本活动选择经典的《握手舞》音乐，乐曲轻快、有趣且有较强的律动感，非常适合小班孩子欣赏。同时，基于科学游戏“拉拉转”中孩子的已有经验，将游戏中的不同动作和音乐中的长短音有机整合在一起，既巩固了孩子在游戏活动中的经验，也让孩子通过音乐的感受和表达，进一步感知会转动的玩具的独特之处。

活动目标:

1. 熟悉音乐旋律，感知旋律中的长音和短音的不同。
2. 能跟随音乐用玩具做转动、开合的动作。

活动重难点:

1. 重点：能在活动中分辨长音和短音。
2. 难点：能使用玩具并运用不同动作表现音乐。

活动准备:

1. 《握手舞》音乐。
2. 自制音乐玩具（拉拉转）。

活动过程:

1. 一起来跳《握手舞》。

- 情景导入，完整欣赏乐曲。

——今天，在玩具王国有一场好玩的舞会，让我们来听一听舞会的音乐吧！（播放音乐，教师跟着音乐做韵律动作。）

——你在这首音乐里面听到了什么声音？

——这个声音是怎样的？给你带来什么样的感觉？

- 尝试用身体动作表现乐曲中的长音和短音。

——那你可以用什么样的动作来表示呢？（请幼儿上前示范。）

——用你刚才的动作，我们一起来跟着音乐跳舞吧！

2. 带着玩具来跳舞。

● 伴随乐曲，教师出示自制的音乐玩具。

——舞会要开始了，我还邀请了玩具小舞伴和我一起参加舞会哦！（教师出示玩具，播放音乐，当有长音的时候转动音乐玩具，当变成短音的时候开合音乐玩具。）

——刚才你看到的玩具小舞伴是怎么跳舞的呢？

——为什么它会转动呢？请你来试一试。

● 幼儿操作自制音乐玩具进行表演。

——请你也邀请你的小玩具一起来跳舞吧！

——你是怎么让小玩具跳舞的？

3. 集体舞会。

——刚才我们都表演得很好，现在我们一起来参加舞会吧！

活动延伸：

1. 本活动截取的是《握手舞》的前半段，长音出现了三次，分别是两声、三声、四声。当幼儿比较熟悉乐曲后，教师可以提供完整的乐曲，让幼儿欣赏并表达。
2. 可以尝试用其他合适的动作和游戏来表现长短音，如：短音旋律时做拍手、长音时做"飞"的动作。

教学反思：

活动材料是本次活动的重点，也是影响活动目标和活动效果的关键因素。

首先是对韵律素材的选取。如果是第一次进行活动，音乐的选择可以再简单一些，可以选择每一小节音乐长短音的次数和长度相同的音乐。否则，像《握手舞》这样每一小节长短音和长度不相同的音乐，幼儿比较难以掌握从而导致活动中幼儿的演奏比较杂乱，并且对个别幼儿来说比较困难。此外，还可以对《握手舞》的音乐进行改编，把后面的长短音变成一个小节两遍，去掉多余的部分，帮助幼儿更好地感知和理解音乐。

其次是对音乐玩具的改进。本活动中的音乐玩具就是本单元游戏活动中所介绍的"拉拉转"。当幼儿在游戏活动中自制了玩具，并且能熟练地进行游戏后，再在韵律活动中进行表现，对幼儿来说是比较新奇的体验，同时也能让他们更好地感知和表达音乐，而不会受玩具操作技能的影响。同时，还可以对"拉拉转"玩具进行改造，如使用一些较大、形状不同的纽扣，或是将棉线换成粗一些的毛线来制作等。

区域活动 奇妙的转盘

一、活动准备

用黑色KT板制成的大小不同的圆环，网格围成的三脚架，长塑料棒，颜料，电光纸，固体胶。

二、操作方法

1. 幼儿将长塑料棒放入三脚架中，将圆环套在圆棒上，转动圆环，观察圆盘转动所产生的视觉效果。

2. 自己运用各种材料，在圆盘上进行装饰，然后转动圆盘并观察。

三、操作指导

1. 教师应重点引导幼儿对圆环上的图案进行创意装饰并观察，巩固和延伸在游戏活动中获得的相关经验。

2. 活动材料可以根据幼儿的需要进行分层投放。如可提供不同材质的圆环（纸或纸板），让幼儿自主选择，还可以提供不同形状的KT板（中心点固定），让幼儿尝试观察不同形状的转盘转动会产生怎样的变化。

一、活动准备

大小、形状不同的纽扣、雪花片、光盘、绸带、细绳、剪刀。

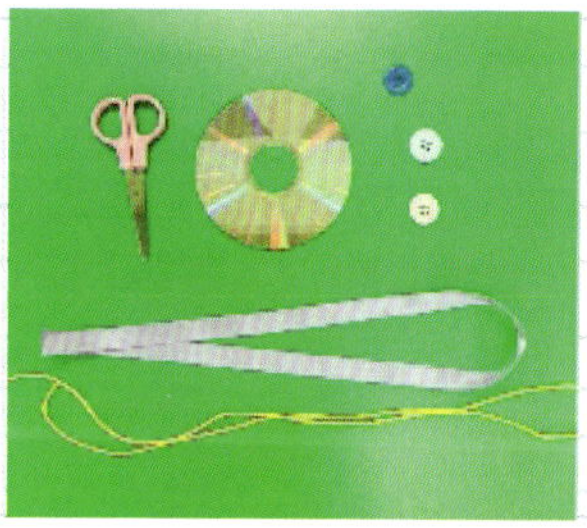

二、操作方法

幼儿自选不同的材料制作“拉拉转”。

三、操作指导

1. 活动所提供的材料具有层次性，有些是可以用来制作“拉拉转”玩具的，有些是不可以的，教师可适当引导幼儿去观察、比较不同材料之间的区别。

2. 活动进行中，教师还可以引导幼儿去寻找类似的材料，带到幼儿园来进行尝试。

纸蜻蜓

一、活动准备

各色彩纸、剪刀、纸蜻蜓制作示意图。

二、操作方法

1. 幼儿在教师引导下，自己制作纸蜻蜓并游戏。

2. 比一比，谁的纸蜻蜓飞得远？

三、操作指导

1. 幼儿操作时，教师可以给幼儿做简单的示范，和幼儿一起动手操作。

2. 教师还可以给幼儿提供简单的制作示意图。小班幼儿的示意图应以实物图片为主，符号或抽象的流程图并不适合他们。

3. 除了制作纸蜻蜓，教师还可适时提供如纸风车等简单纸工的制作材料，让幼儿有多种选择。

中班 · 单元一

磁铁游戏

区域活动：开小车

感知磁铁同性磁极相斥、异性磁极相吸的原理。

游戏活动：磁性小火车

感知磁铁同性磁极相斥、异性磁极相吸的原理。

游戏活动：动物管理员

感知由于磁性传递产生的奇妙现象。

游戏活动：跑步比赛

体验由磁铁隔物吸物的特性所产生的有趣现象。

游戏活动：海底世界

体验磁铁隔物吸物的特性，发展手眼协调能力。

区域活动：昆虫王国

体验磁铁隔物吸物的特性。

集体教学活动：磁铁小人

观察发现磁铁能吸附铁质物品，具有隔物吸物的特性。

区域活动：小猫钓鱼

感知磁铁吸附铁质物品的特性。

单元说明

本单元中，孩子们通过体验不同类型的活动，逐步了解磁铁能吸附铁质物品，隔物吸物，磁性的传递，同性磁极相斥、异性磁极相吸等相关科学知识，获得关于磁铁的核心科学经验。在活动的组织和安排上，我们提倡孩子的自主探索，活动多以游戏和区域活动的方式展开。同时依据这些科学经验获得的难易程度，在活动顺序上做了一定安排：先开展较为自主宽松的区域游戏，让孩子与磁铁充分互动；在孩子对磁铁材料有了一定认识后，以集体教学活动集中帮助孩子梳理活动经验，为其后续活动提供支持。最后，通过游戏活动和区域活动的配合开展，使孩子全面感知磁铁的各种特性。具体实践中，教师还可根据本班孩子的发展状况调整活动组织形式和活动顺序。

游戏活动 磁性小火车

一、游戏价值

孩子们在一次次尝试将小火车车厢连接起来的过程中，体验磁铁同性磁极相斥、异性磁极相吸的现象。同时，通过不断尝试而获得的成功感，能大大激发孩子们的科学探究兴趣，提高他们的动手操作能力。

二、游戏准备

1. 小火车模板。

2. 磁铁、4根木质车轴、8个木质车轮。

3. 磁棒。

三、游戏玩法

1. 做一辆磁性小火车。首先，请幼儿根据模板上的折痕探索小火车的构成，利用双面胶将两节车厢粘好。然后，尝试给小车装上车轮。最后，利用双面胶在每节车厢的前后粘贴上磁铁，并尝试将两节车厢连接起来。这样，一辆磁性小火车就制作完成了。

1 根据折痕折出小火车的形状

2 利用双面胶粘好车厢

3 给车厢装上车轴和车轮

4 利用磁铁将两节车厢连接起来

2. 磁性小火车开起来。请幼儿手持磁棒，在小火车的前面拉，或在小火车的后面推，使小火车开起来。

5 用磁棒推动小火车前进

6 用磁棒牵引小火车前进

四、游戏指导

（一）做辆磁性小火车

1. 粘贴磁铁时，请幼儿注意将磁铁粘在车厢前后的中心位置。磁铁位置的偏移会对小火车的连接和移动产生影响。

2. 连接车厢时，会出现“同性磁极相斥，异性磁极相吸”的情况，教师可用“小火车发生什么事了”“为什么会出现这样的问题”“怎样才能让车厢连接起来”等问题，引发幼儿的观察和思考，并和幼儿一起想办法解决问题。

3. 当个别幼儿的操作出现困难时，教师可以引导幼儿之间互相讨论，学习其他幼儿成功的经验。也可以鼓励幼儿变换车厢的前后顺序或是对车厢上的磁铁磁极进行调换等，再进行尝试。

（二）磁性小火车开起来

1. 教师可以用“你能不碰到小火车就让它开起来吗”等问题，引导幼儿观察发现使小车开起来的方法（用磁棒在小车的前面拉，或是在小车的后面推）。在游戏中，有的幼儿可能会因为磁棒总和小火车吸在一起而产生急躁情绪，这时教师可引导幼儿注意磁棒和小火车之间的距离，或者建议幼儿换磁棒的另一头试试。

2. 游戏中，可以引导幼儿进行讨论，如“为什么他的磁棒不碰到小车，小车就能开起来呢”“你的小车可以左右转动吗”，让幼儿互相交流学习，共同发现让小车开起来的方法。

五、游戏建议

游戏可分为两次进行。第一次可请幼儿自制磁性小火车，第二次可组织安排幼儿进行开小火车的游戏。

游戏活动 动物管理员

一、游戏价值

用回形针可以变出栏杆吗？怎么变呢？除了把它们钩在一起，还有其他办法吗？在本游戏中，孩子们能充分体验磁铁磁力的传递特性所带来的奇妙现象，在将一个又一个的回形针轻轻挂起来的过程中，既锻炼小肌肉的精细动作和手眼协调能力，也使专注力有了一定的提升和发展。

二、游戏准备

1. 回形针。

2. 磁铁。

3. 双面胶。

4. 可以变成半封闭盒子的卡纸、动物图片。

三、游戏玩法

1. 制作“动物园”。

将小动物图案固定在纸盒里

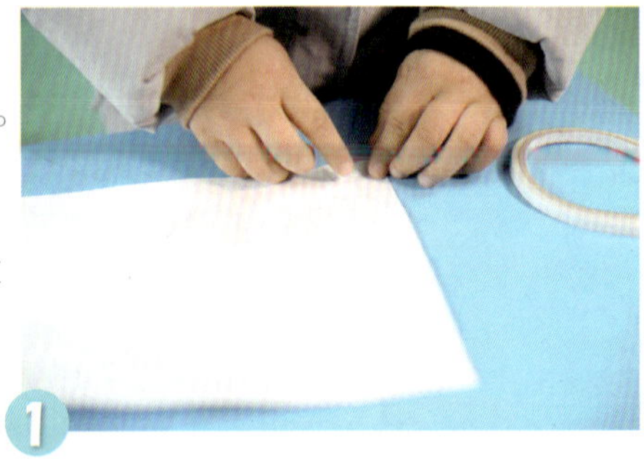

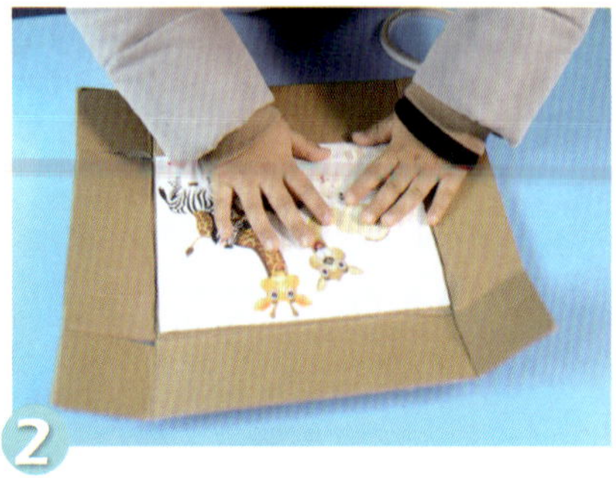

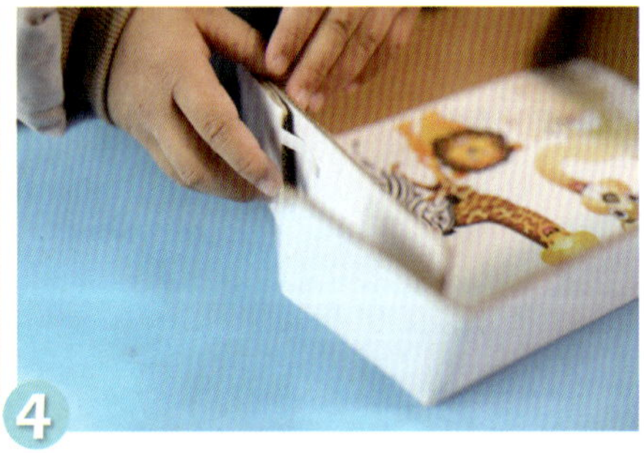

根据折痕将纸盒固定好

将磁铁固定在纸盒的侧面

2. 做合格的“动物管理员”。

在纸盒边缘的磁铁处将回形针通过磁铁的磁力一个个连接起来，变成“栏杆”，使动物不能“跑”出来

四、游戏指导

（一）制作动物园

1. 幼儿制作前，教师可先出示自制的动物园供幼儿观察，帮助幼儿了解动物园的组成以及制作的步骤。

2. 提醒幼儿在贴磁铁时，要让磁铁与磁铁之间保持一定距离，否则会造成回形针相互吸在一起的情况，还可以请幼儿一边制作一边用回形针进行尝试，看看怎样的距离是合适的。

（二）动物管理员

1. 初次游戏时，可以通过小故事为幼儿创设游戏情境，让幼儿带着问题或任务去游戏，激发幼儿的兴趣。如：“草原的东边住着一只大灰狼，它总是想要去抓住在西边的小白兔，小白兔们可害怕了，都不敢出去玩，只能每天躲在房子里。有一天，小白兔们终于想到了一个办法，就是在自己家做一个有魔法的栏杆，只要栏杆做好了，大灰狼就不能来吃它们了。可是，该怎么做呢？你们愿意帮助小白兔吗？”

2. 部分幼儿可能会因为对回形针吸在磁铁上这一现象感兴趣，从而乐此不疲地将回形针堆在磁铁上，忘记了“做栏杆”的任务。教师可耐心等待，先给幼儿自由探索的时间，等幼儿兴趣有所转移后，再引导他们回到游戏情境或任务中来。

3. 游戏中，幼儿可能会出现各种不同的操作方式，如有的幼儿会将回形针别在鞋盒边缘，而不挂在磁铁上“做栏杆”；有的幼儿会先将回形针穿起来，然后将“栏杆”挂在磁铁上；还有的幼儿会先将一个回形针吸在磁铁上，然后将另一个回形针吸在前一个回形针上做“栏杆”。因此，游戏中教师需要尊重和鼓励幼儿的多元探索，并尽量引导幼儿尝试多种玩法。

五、游戏建议

游戏中，制作“动物园”可能需要一定时间，同时其制作效果对后续的游戏也会产生影响，因此游戏活动可分为两次进行，第一次为制作动物园，第二次为自由探索磁铁和回形针的特性。

海底世界

一、游戏价值

不直接用手取物，而是借助磁铁把物品从盒子里取出来，“隔物吸物”，真是一个富有挑战性的任务！游戏时，孩子们不仅能体验磁铁“隔物吸物”的特性，还能和同伴交流自己对海洋生物的了解，学习有关海洋生物的知识。

二、游戏准备

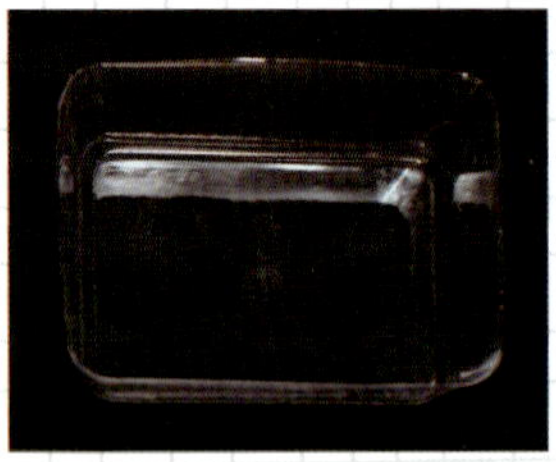

1. 透明盒子，各色彩纸、绉纸。

2. 回形针，鱼、虾等海洋生物图片。

3. 磁棒。

三、游戏玩法

1. 制作“海底世界”。幼儿利用彩纸和绉纸剪成水草等装饰材料，然后用胶水将其贴在透明盒子的四壁，最后将海洋生物剪下来，在鱼嘴上别上回形针，放进透明盒子中，创造海底世界的游戏情境。

1 用绉纸在透明盒子中布置海底世界场景

2 给动物卡片别上回形针

2. 畅游海底世界。幼儿在盒子中寻找自己喜欢的海洋生物，并用磁棒沿着盒壁从外侧将其吸出来。

用磁棒沿盒壁将海洋生物吸出

四、游戏指导

（一）制作海底世界

1. 教师可以事先和幼儿一起讨论关于海洋生物的话题，或是与幼儿一起观看关于海洋生物的视频，帮助幼儿拓展知识和经验，增强幼儿的活动兴趣。

2. 制作“海底世界”时，可鼓励幼儿大胆想象和创造，既可以使用材料中所提供海洋生物，也可以请幼儿画出自己喜欢或知道的海洋生物。

（二）海底世界游戏

1. 游戏时，提醒幼儿不能用手直接取放海洋生物卡片，而需要借助磁棒的力量。

2. 当幼儿出现注意力不集中的情况，可通过一些简单的问题，如“你最喜欢大海里的哪种动物呢”“在海底世界中你发现它了吗”，和他们一起讨论海洋里的各种动物以及他们的一些基本特征，提高幼儿游戏的兴趣。

3. 可引导幼儿采用比赛的方式，比一比谁找到的海洋生物多，谁能用最短的时间把海洋生物从盒子里吸出来。

五、游戏建议

在第一次制作“海底世界”时，重点可放在对海洋生物的了解上，请幼儿自制海底生物卡片，拓展其科学经验。第二次游戏时，可将重点放在对磁铁“隔物吸物”现象的感知上。

游戏活动 跑步比赛

一、游戏价值

“小人”为什么可以在铁圈上做各种动作而不会掉下来？这真是太神奇了！原来是磁铁在起作用。孩子们可以在游戏中再次感知磁铁隔物吸物的特性，通过操控小人在铁圈上做各种动作，也有利于手臂力量和手部精细动作的发展。

二、游戏准备

1. 剪刀。

2. 各色绉纸。

3. 圆形铁圈、磁铁、双面胶、可以打开的圆形小球。

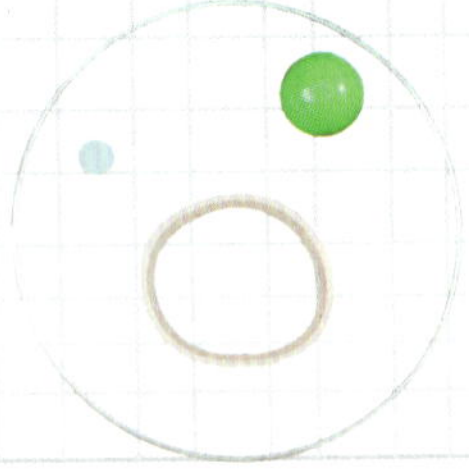

三、游戏玩法

1. 自制小人。幼儿打开小球，将磁铁放入小球中，用绉纸在小球上进行装饰，自制各种动物或人物形象。

1 将磁铁放进小球中

2 利用绉纸为小球装饰

3

4

将小球放在铁圈上，做各种动作而不掉下来

2. 跑步比赛。将“小人”放在铁圈上，使“小人”能在铁圈上跑步，做荡秋千、翻跟头等各种有趣的动作。

四、游戏指导

（一）跑步比赛

1. 教师可以先示范使“小人”在铁圈上做动作而不掉下来，引发幼儿操作的兴趣。

2. 引导幼儿探索各种不同的玩法。如“‘小人’除了在铁圈上跑步，还可以做什么动作呢？”“原来‘小人’可以荡秋千，可以翻跟头，还可以玩滑滑梯。”

3. 可以用“为什么‘小人’能做这么高难度的动作而不掉下来呢”等问题，引导幼儿发现“小人”身体里有磁铁的秘密。

（二）自制小人

1. 鼓励幼儿在制作过程中有更多自己的想法，如粘贴装饰或用笔添画等。

2. 引导幼儿将自己在游戏中发现的问题记录下来，并尝试解决。如改变小人身体中磁铁的数量，探究小人会发生怎样的变化。

五、游戏建议

游戏以让幼儿感受磁铁“隔物吸物”的特性以及磁铁磁性的大小差异为重点。因此，游戏中的自制“小人”环节可以在幼儿充分游戏后开展。教师在进行本游戏活动时，可让幼儿先进行“跑步比赛”，等幼儿熟悉游戏后再进行“自制小人”的活动。

磁铁小人

设计意图：

孩子对各种磁铁游戏非常感兴趣，对区域中投放的磁性活动材料更是爱不释手。他们会用磁铁去找朋友，尝试吸取各种各样的物体，也慢慢地发现磁铁和铁制品是“好朋友”。基于孩子已有的经验，组织进行“磁铁小人”的集体教学活动，以充满童趣的“小人”作为媒介，以场景游戏的方式引导孩子进行磁铁“隔物吸物”的活动，不仅能够提升孩子对磁铁的认识，加深他们对磁铁的了解，也能激发孩子对磁铁进一步探究的兴趣。

活动目标：

1. 探索让磁铁“小人”运动的方法。
2. 产生探究磁性现象的兴趣。

活动重难点：

1. 重点：观察、发现磁铁和回形针的组合是“小人”动起来的主要原因。
2. 难点：能通过观察对比排除回形针的数量、“小人”的细微差别等对操作效果的影响。

活动准备：

1. 三张草地操作桌。
2. 有回形针的“小人”和没有回形针的“小人”若干。
3. 磁铁、回形针若干。

活动过程：

1. 会动的“小人”。

●游戏演示，激发幼儿活动的兴趣。

——我是一个“小人”，我会走路，我会跑，我还会转圈。（教师将“小人”放在操作桌上，手拿磁铁在操作桌下面对准“小人”移动。一边使小人动起来，一边用语言引导幼儿观察。）

●引导幼儿观察，并大胆猜测“小人”会动的原因。

——你们知道我是怎么让“小人”动起来的吗？

2.“小人”动起来。

●认识游戏材料，提出任务。

——在你们的桌子上也有“小人”和磁铁，现在请你用这些材料来变魔术，想办法让你的“小人”动起来！

● 幼儿自主操作，教师引导，探索让“小人”动起来的秘密。

——你的“小人”动了吗？为什么不能动呢？

——为什么他的“小人”能动起来，你的却不行？你们的“小人”一样吗？哪里不一样？

——有了回形针，“小人”就会动了，这是为什么呢？

● 引导幼儿大胆讲述自己的发现，讨论、探究磁性现象。

——你的“小人”动起来了吗？为什么？

——磁铁是有磁性的，它跟胶水的吸附性是一样的吗？我们一起来看看！我还没有碰到它，它就吸住了！

——磁铁除了能够吸铁制品，还能吸什么？它能吸纸吗？能吸桌子和塑料筐吗？

3.“小人”做游戏。

● 出示足球并讨论“小人”的多种玩法。

——用磁铁和“小人”还可以玩更多好玩的游戏呢，你想怎么玩？

——我这里还有一个新玩具（足球），你觉得可以怎么玩？

● 幼儿操作，探索“小人”的不同玩法。

—— 你是怎么玩的？除了这种玩法，还有什么玩法？

● 小结交流。

——你刚才是怎么玩的？你有什么新的发现？

——除了这种玩法，还有其他玩法吗？

活动延伸:

教师可提供类似于跑道、迷宫等不同场景的操作板供幼儿游戏。

教学反思:

活动以游戏贯穿，从会动的“小人”到最后的“小人”做游戏，幼儿都在轻松的游戏氛围中进行探索。也正是这样的探究氛围，让幼儿经历设疑、操作、探究，发现有关磁铁的秘密（如磁铁可以吸住回形针、不直接吸住回形针“小人”也会动等）。

在“小人”动起来的环节，教师预设的目标是让幼儿在操作中发现让“小人”动起来的秘密，即磁铁“隔物吸物”，同时理解磁铁的移动与小人位置的关系。如果幼儿在这个环节中只发现了“隔物吸物”的现象，可以将后两点延至“小人”做游戏环节中。如果三点都发现了，最后一个环节可以将重点放在“小人”玩不同游戏的活动中来。

区域活动 小猫钓鱼

一、活动准备

1. 创设鱼池的游戏情境：用矿泉水瓶或餐巾纸盒围成各种形状的“鱼池”，“鱼池”中有别有回形针的“小鱼”和没有别回形针的“小鱼”。

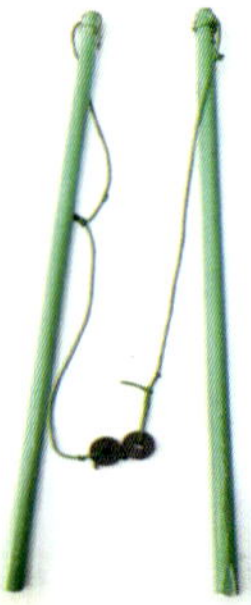

2. 由磁铁、适宜长度的绳子和竹竿制作而成的鱼竿。

二、操作方法

1. 幼儿手持自制钓鱼竿钓“鱼池”里的“小鱼”，看一看能钓起多少条“小鱼”。

2. 还可以鼓励幼儿进行钓鱼比赛，比一比谁钓到的鱼多。

三、操作指导

1. 活动中教师不必过于纠结游戏规则，尽量以幼儿自主探究为主。

2. 当幼儿发现有的“小鱼”能钓上来，有的“小鱼”钓不上来时，教师可适时引导其观察、比较“小鱼”，发现有无回形针的区别，感知磁铁能吸铁质物品的特性。

3. 游戏场景还可以根据幼儿需要设置得更为丰富，如提供烧烤工具，让幼儿将钓上来的鱼制作成“烤鱼”，还可以提供晾晒工具，让幼儿“晒鱼干”等。

一、活动准备

1. 磁棒，自制磁铁小车（车前和车后贴上磁铁）。

2. 自制“马路”。

3. 自制“红绿灯”。

4. 自制“树林”（动物）。

二、操作方法

幼儿可利用自制动物和自制树木在马路上创设各种情境，然后用磁铁使小车在马路上开起来。

三、操作指导

1. 在创设活动区环境时，教师可在区域内张贴一些简单的建构场景图案，为幼儿的游戏提供更多的情景支持。

2. 活动时还可以提供一些带有“马路”的大型纸箱，让幼儿在纸箱中钻钻爬爬“开小车”。还可以在纸箱中提供一些带有回形针的道具，让幼儿在纸箱中进行寻宝的游戏。

3. 区域活动时，教师应尽可能给幼儿更多自主探索的空间，通过改变环境和材料，逐步引导幼儿进行探索。

一、活动准备

1. 自制的昆虫王国。

2. 各种昆虫和动物形象（手绘昆虫，在昆虫和动物的背后粘上磁铁）。

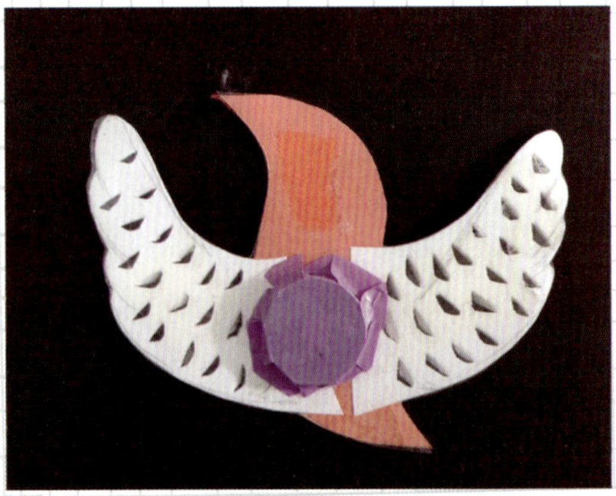

二、操作方法

幼儿手持磁铁，让小鸟在昆虫王国里自由飞翔，寻找昆虫王国里的各种小昆虫。还可以和同伴一起玩“你追我躲”的游戏。

三、操作指导

1. 活动时教师可为幼儿提供一定的情景，如小鸟要去寻找藏在草丛中、树上的昆虫们，小虫们要想办法不让小鸟找到，引导幼儿合作游戏。

2. 本活动还可与其他磁铁游戏组合进行。

中班 · 单元二

豆豆乐翻天

集体教学活动：种子的聚会

了解豆豆的种类与排列队伍长短之间的关系。

游戏活动：豆豆乐器

探索多种豆豆的大小、多少与所发出的声音之间的关系。

区域活动：自制豆浆

体验和了解豆豆的功能。

游戏活动：一起来种豆

培养耐心观察的能力，认识和使用简单的种植工具。

区域活动：玩豆豆

能利用豆豆的特征进行创意表达。

游戏活动：筛筛乐

利用孔眼大小不同的筛板对豆豆进行分类。

游戏活动：小花园

产生种植的兴趣，初步了解植物生长所需的条件。

区域活动：豆豆超市

感知豆豆的不同种类及特征。

单元说明

“豆豆乐翻天”单元活动希望引起孩子们对各类豆豆的多维度了解，从而学习科学的探究方式，产生尊重生命的情感。在活动安排中，无论是游戏活动、集体教学活动还是区域活动都是围绕这个核心目标来设计的。在本单元中，我们先创设轻松的区域活动“豆豆超市”，通过大家一起来收集豆豆引导孩子发现我们的生活中有许多不同种类的豆豆；接着在区域中投放不同的装豆工具，让孩子们在选择的过程中发现豆豆种类的多样性；然后是种植活动“小花园”的开展，先让孩子们观察不同种类的豆豆，再择选豆豆进行种植，从中激发孩子种植的兴趣，让孩子在观察豆豆生长的过程中学会耐心等待，探究植物生长所需的条件，同时也为解决“大家一起来种豆”活动中使用种植工具和照顾豆豆打下基础。在等待豆豆成长的过程中，游戏活动“筛筛乐”“豆豆乐器”、区域活动“玩豆豆”“自制豆浆”能帮助孩子自主发现豆豆的不同特征。最后通过集体教学活动“种子的聚会”梳理孩子在游戏中的经验，学习用排序的方法来发现豆豆种类与特征之间的差异性。

游戏活动 小花园

一、游戏价值

本游戏以激发孩子的种植兴趣为主。教师带领孩子们一起观察种子，了解种子的特征，学习挑选颗粒饱满的豆豆种子进行种植。在活动中，教师可以通过各种问题来鼓励孩子大胆地猜测，积极地验证，引导孩子们在种植过程中学会耐心等待，同时学习种植的基本方法。本活动也为本单元的其他活动做了铺垫。

二、游戏准备

1. 黑豆、绿豆、红豆若干，小园丁花罐一个。

2. 小铲子，水壶等其他种植工具。

三、游戏玩法

1. 仔细观察各类豆豆的特征，选择想种植的、颗粒饱满的豆豆。

2. 拉开盖子打开花罐。

3. 把选好的豆豆放入土中，埋到食指第二关节处，把土按实。

4. 经常给豆豆浇水、晒太阳，期待“我的豆豆长出来是什么样的呢”。

1 选一颗饱满的好豆豆

2 拉开花罐上方的盖子

3 挖个洞，把豆豆种下去

4 夯实土后给豆豆浇浇水

四、游戏指导

1.游戏前组织幼儿开展讨论“你想种什么豆”“我们选择怎样的豆豆才会发芽呢”“每种豆豆长出来都是一样的吗”“怎样的生活环境是适合豆豆成长的”等问题，引导幼儿了解种植的前期经验，激发幼儿的种植兴趣。

2. 游戏中，教师可以提供彩色小方纸和笔，鼓励幼儿把自己看见的画下来或者记录对豆豆的期待和愿望，教师及时收集幼儿的记录，并汇集在一起，变成一张大大的观察日记，供幼儿持续地关注、发现与探究。

五、游戏建议

1. 有些幼儿可能会觉得泥土脏，不愿意动手种植豆豆或是把豆豆直接撒在土上。遇到这样的情况时，教师要及时鼓励幼儿，告诉他们豆豆的生长也需要一个温暖的环境，而泥土就是豆豆温暖的家。

2. 教师可以带领幼儿或者是利用亲子活动的时间让幼儿去看看农民伯伯种植庄稼的过程，激发幼儿种植的欲望。

3. 在种植过程中，教师要注意巡视和指导，避免部分幼儿用拿过泥土的脏手去揉眼睛或者捣乱。

游戏活动 筛筛乐

一、游戏价值

孩子利用筛板将混在一起的各类豆豆按照种类分一分，在筛一筛、玩一玩的过程中将同种类型的豆豆聚在了一起，在操作过程中会发现筛板上不同大小的孔和豆豆之间的关系。这一有趣的现象能促进孩子进一步了解各种豆豆的不同特征。

二、游戏准备

1. 绿豆、赤豆、芸豆、黑豆若干，孔眼大小不同的筛板三块，架子一副。

2. 小塑料筐若干。

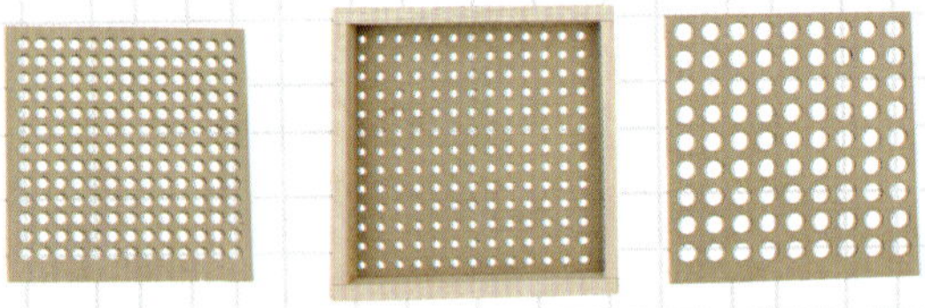

三、游戏玩法

1. 创设情境：“不小心把豆豆混在一起了怎么办？”（鼓励幼儿说一说自己的分类办法。）

2. 观察筛板：“这三张筛板一样吗？”“哪里不一样呢？”

3. 介绍操作方法。

选择一块筛板插入木架中

将豆豆倒入筛板中来回地移动，直到筛板中只剩下同一种类的豆豆，再将其倒入准备好的小塑料筐中

更换筛板，对剩下的豆豆进行分类

四、游戏指导

游戏中引导幼儿通过观察比较筛板的不同，发现筛板上孔的大小差异，并提问“筛豆豆时你想先用哪一块，再用哪一块，为什么”，鼓励幼儿按照筛板上孔的大小来排序，然后有顺序地插入不同的筛板。

五、游戏建议

1. 幼儿操作时，教师应以观察为主，不要进行过多干涉。

2. 可以让幼儿去寻找身边其他可以筛的材料筛一筛，引发幼儿对身边材料的关注。

3. 豆豆混在一起筛的时候，容易出现掉落到地上的情况。要提醒幼儿及时捡起来，避免因踩到豆豆而滑倒。

游戏活动 一起来种豆

一、游戏价值

该游戏需要孩子亲历铺土、播种、浇水、观察记录的过程，他们在照顾豆豆生长的过程中，学习如何使用各种种植工具，同时可以了解生命生长发育的规律，并产生关爱生命的情感。

二、游戏准备

1. 绿豆、红豆、黑豆若干，营养泥土，小花盆，观察记录表一张。
2. 小铲子等种植工具，水壶。

三、游戏玩法

1. 用小铲子将袋子里的泥土铲出来，装在小花盆中，直到略低于花盆的边。

2. 在泥土中用食指挖一个两个指节深的小洞，将豆豆埋入其中，按实泥土，并用水壶喷上一些水，使豆豆种子周边泥土保持湿润。

1 取出泥土

2 将袋中泥土铲入花盆中

3 给种下去的豆豆浇水

3. 定期观察，并做好记录。

“你的豆芽要过几天才能钻出来？”“什么时候可以给豆豆浇水？”

四、游戏指导

1. 游戏前，可帮助幼儿回忆、了解“豆豆是怎么发芽的”，如埋在土里、浇水、光照等；“种豆需要注意哪些”，如挑选新鲜的豆豆。同时，设计记录表，方便幼儿观察比较。

2. 游戏中，教师可用“你的豆豆发芽了吗”“为什么有些小朋友的豆豆没有发芽呢”“怎么才能使豆豆快快长大呀”等问题，来引导幼儿思考种植豆豆需要哪些条件并与幼儿商讨种植豆豆需要用到哪些工具，从而了解豆豆的生长过程。

五、游戏建议

1. 种植豆豆的过程中需要把每一层土都夯实，而泥土只要略低于花盆的边即可。

2. 教师可以为幼儿提供科学认知类图画书，让幼儿对不同的豆豆的生长过程有一个更加详细的了解。

3. 可以选择土培和水培的豆豆一起种植，让幼儿尝试进行比较和记录。

4. 在使用小铲子之前，教师需向幼儿说明小铲子只能用来铲泥土，使用时要注意安全。此外，教师还需要做好相应的安全监护工作。

游戏活动　豆豆乐器

一、游戏价值

把一颗豆豆装在罐子里摇一摇，会发出怎样的声音？两颗豆豆呢？许多豆豆呢？绿豆和黄豆发出的声音一样吗？通过问题引导孩子一起来玩一玩、做一做，选择自己喜欢的豆豆试一试，在装一装、摇一摇的过程中，让豆豆成为乐器，演奏出动听的音乐，同时引导孩子发现并探究不同种类、数量的豆豆和所发出的声音之间的关系。

二、游戏准备

1. 绿豆、赤豆、黄豆、黑豆、芸豆各若干，木筒两个。
2. 节奏鲜明的音乐一首。

三、游戏玩法

1. 播放音乐，幼儿自由选择豆豆装入木筒中，盖上盖子后摇一摇，放在耳边听一听。

1 选择一个木筒

2. 幼儿按照自己的喜好再次选择豆豆游戏，或者根据音乐的节奏有目的地寻找相应的豆豆装入木筒中并操作。

2 把喜欢的豆豆装入木筒中

3 拿起装豆豆的木筒摇一摇、听一听

四、游戏指导

1. 音乐播放的时间可以根据班级幼儿的兴趣及能力来调整。如选择在游戏前播放音乐，则整个游戏可以重点关注豆豆与声音的关系，教师可以提问“听了这个音乐，你想放怎样的豆豆来表示呢”；若将音乐播放环节放在游戏中，则是起到一个提示的作用，促使幼儿更愉快地玩耍。

2. 游戏进行一段时间后，教师可以再增加大小不同的木筒或者材质不同的容器，然后进行比较游戏，同时提问幼儿“比一比豆豆在大木筒和小木筒中发出的声音一样吗”，引发幼儿思考。

五、游戏建议

1. 该游戏可以放在区域活动“豆豆超市”后进行，这样可以让幼儿在探索的过程中对放入的豆豆特征有更深入的了解。

2. 为了帮助幼儿记住放入哪些豆豆，在豆豆和声音之间建立更直观的连接，教师可以鼓励幼儿在游戏时采用适宜的方式进行记录。

种子的聚会

设计意图：

“种子是什么？”“豆豆是种子吗？”每个孩子遇到这样的问题都会产生不同的想法。活动中，鼓励孩子说一说，大胆进行表述，引导孩子通过摸一摸、捏一捏豆豆从而喜欢与豆豆游戏，把豆豆当成朋友来对待，形成对生命的尊重。然后给豆豆排队，在操作过程中发现豆豆种类、数量与队伍长度的关系，接着问孩子“什么时候同样数量的豆豆的队伍最长”“要怎样才能让两种类型的豆豆排成一样长的队伍呢”，鼓励孩子大胆表述自己的发现，加深对豆豆的了解，巩固关于豆豆的知识和经验。

活动目标：

1. 知道豆豆就是种子，进一步感知豆豆的基本特征。
2. 探索、分析、讨论，感知豆豆的大小、数量与排列长短的关系。

活动重难点：

1. 重点：知道豆豆就是种子，了解若干豆豆的种类和特征。
2. 难点：感知豆豆的大小、数量与排列长短的关系。

活动准备：

1. 人手一份豆豆（芸豆、黄豆、赤豆各若干）。
2. 数字卡、点卡若干张，记录纸两份。

活动过程：

1. 种子的秘密。

● 和幼儿一起讨论种子。

——种子是什么？豆豆是种子吗？

● 教师轮流到各组中去观察与倾听幼儿的表述。

——种子都是有生命的，所以我们在操作的时候需要爱护它们。

● 摸摸种子。

——请幼儿摸一摸、看一看种子：种子长得怎么样？你知道它们的名字吗？

2. 种子的聚会。

- 按数取种子。

——请幼儿拿出和教师点卡数字一样多的一种种子：你拿出的种子叫什么？有几颗呢？

- 幼儿第一次探索。

——看一看，比一比，你的种子和别人的看上去一样多吗？（引导拿的种子数不一样的幼儿比一比。）你发现了什么？

——排排队：请你给豆豆排排队，要一颗紧挨着一颗！

——你发现了什么？（教师巡回指导并提问。）

——为什么数量一样多的豆豆，排的队伍不一样长呢？

——小结：相同数量的豆豆，颗粒越小，排的队伍越短；颗粒越大，排的队伍越长。

- 幼儿第二次探索。

——每人再根据数字卡选择两种不同的种子进行比较（同一张记录表。）

——鼓励幼儿相互交流。

——如果把你的两排豆豆排成一样长，又会有哪些变化呢？（幼儿操作，教师巡回指导。）

——为什么两排豆豆一样长，数量却不一样呢？

——小结：大小不一样的豆豆，排列的队伍长短相同时，数量会有不同。

活动延伸：

让幼儿在区域活动中用其他种类的豆子再进行排队比较。

教学反思：

本活动的重点是理解“相同数量的豆豆，颗粒越小，排的队伍越短；颗粒越大，排的队伍越长”和“感知大小不一样的豆豆，排列的长短相同时，数量不同”这两个概念，这需要引导幼儿对豆豆的大小特征能有比较好的把握，因此教师在活动中对问题的设计就显得尤为重要。本活动中设计了很多问题，鼓励幼儿进行自由探索。首先，为了更好地了解豆类种子，提问幼儿“你的种子和别人的种子有什么不一样的地方”，引导幼儿用自己喜欢的方式对自己手中的豆豆有充分的了解。随后的提问应能引发幼儿的好奇，如“为什么数量一样多的豆豆，排的队伍不一样长呢”等问题的提出，能让幼儿在原有经验和现有经验之间进行链接。在操作的过程中，幼儿能通过观察与比较发现问题的原因，探索欲就这样被激发了出来，最后提问幼儿“为什么两排种子一样长，可是数量却不一样呢”，听上去会和前一环节的问题很雷同，可是因为有了充分的感知，所以这个问题的提出有助于拓展幼儿的思维，让幼儿的操作更有目的性，从而解决了重点探究的活动目标。

豆豆超市

一、活动准备

1. 展台，塑料筐若干；收集各类豆豆，将展台布置成“豆豆超市”。

2. 夹子、勺子、筷子、漏斗若干，瓶口大小不同的瓶子若干。

二、操作方法

鼓励幼儿摸一摸、捏一捏、看一看、说一说不同种类的豆豆。也可以让幼儿自由选择工具来装一装豆豆，感知瓶口的大小和能容纳的豆豆种类之间的关系，尝试采用不同的工具把豆豆装入瓶中。

三、操作指导

1. 在幼儿游戏时，教师可以通过提问“你认识这些豆豆吗？它们长得怎么样？像什么”“你喜欢哪种豆豆？为什么呢”等，来激发幼儿游戏的兴趣，引导幼儿主动探究。

2. 鼓励幼儿自由选择区域中的材料开展其他关于豆豆的游戏。

一、活动准备

1. 黄豆若干。
2. 豆浆机一台，抹布、杯子若干。
3. 在区域中粘贴豆浆制作的步骤图。

二、操作方法

1 引导幼儿提前一天将黄豆放入冷开水中进行浸泡

2 将泡开的黄豆装进豆浆机中，加入适量的水

3 按紧盖子，通电后开始制作豆浆

4 豆浆机停止工作后，用网兜过滤豆汁和豆渣，一杯香甜的豆浆就制作完成了

三、操作指导

1. 该游戏需要教师和幼儿合作进行，教师要引导幼儿在游戏中按步骤规范操作，培养幼儿的安全意识。

2. 如果有条件，还可以尝试使用石磨来磨豆浆，鼓励幼儿两两合作进行游戏。

玩豆豆

一、活动准备

1. 彩色背景纸，一次性纸盘和不同形状的瓶罐若干。

2. 各色橡皮泥、剪刀，双面胶、记号笔。

3. 各类豆豆若干。

二、操作方法

1. 豆豆摆画：抓一把豆豆放在彩色背景纸上，用手拨动豆豆进行创意拼摆，使之成为心中的创意形象画。

2. 豆豆画框：拿起一次性盘子，在上面画出想要的图案，可以镂空图案或者是根据图案的形状粘贴双面胶后用豆豆进行装饰。

3. 漂亮的豆豆杯（瓶）：选择自己喜欢的瓶罐形状，然后在周围包上橡皮泥，最后用豆豆粘贴出创意图案装饰瓶罐。

三、操作指导

1. 在盘子上镂空比较难，建议幼儿在设计图案的时候以简洁线条为主，这样方便沿着图案的边剪出形状。最后还可以在画框中间粘贴上幼儿的照片、作品等。

2. 制作豆豆杯时，可以采用不同色彩的橡皮泥包裹各类瓶罐，再根据豆豆的形状、颜色等进行排序或创意装饰。

中班 · 单元三

各种各样的车

区域活动：汽车盆栽

利用瓶子绘画并制作汽车形状的花盆，进行种植活动。

游戏活动：小乌龟爬爬

感知橡皮筋的弹性和回力车的有趣现象。

集体教学活动：什么东西会滚动

发现会滚动的物体与不会滚动的物体各自的特点。

区域活动：车轮动起来

尝试装配车轴和车轮，让汽车动起来。

游戏活动：木头赛车

了解汽车车轴的特征和重要作用。

游戏活动：各种各样的车轮

在车轮拓印中观察车轮不同的花纹。

游戏活动：我是小小修车工

在拆装中体验修车的快乐。

集体教学活动：小车迷

了解汽车的外形特征和基本结构。

单元说明

本单元通过引导孩子对汽车进行多种形式的操作，让其在潜移默化中学习汽车的相关知识，如汽车的构造、开车中体验到的摩擦力和弹性回力的现象等，让孩子在一个个有趣的“汽车”游戏中感受多元化的科学元素。汽车虽然是生活中常见的事物，但孩子对它不一定十分了解。因此建议教师先进行集体教学活动“小车迷”，拓展孩子的经验和思路，激发孩子探究的兴趣。接着按照由易到难的经验递升原则进行，通过两个汽车拼装活动，了解汽车的构造和零件，还可以在车轮滚画里加深对轮胎的感知，体验摩擦力。然后做一做、玩一玩“乌龟车”，感知弹性回力车的有趣现象。集体活动“什么东西会滚动”和区域活动可安排在单元中后期进行，进一步拓展孩子的相关科学经验，并能与自己的生活经验相结合。

游戏活动 我是小小修车工

一、游戏价值

当心爱的玩具车出现问题，孩子们通常都会非常着急，如果能当一名小小修车工，应该是一种很酷的体验。在本游戏活动中，孩子们可以在观察和组装玩具车的过程中，认识玩具车的构造，并能在游戏中提高动手操作能力，锻炼手部动作的准确性、协调性。

二、游戏准备

1. 玩具螺丝刀。

2. 玩具扳手。

3. 可拆卸的塑料玩具车。

三、游戏玩法

1. 熟悉玩具车的特征。幼儿选择需要修理的玩具车，观察玩具车的特征和构造，了解玩具汽车是由车头、车身、车尾、轮胎等几部分组成的。然后，通过开一开、玩一玩玩具车，加深对玩具汽车的认识。

2. 幼儿仔细观察需要修理的玩具车和相关零件，尝试选择合适的玩具扳手和玩具螺丝刀拆卸玩具车，并用合适的零部件进行组装。

1 用玩具螺丝刀拧螺丝

2 用玩具扳手拆装

四、游戏指导

（一）汽车是什么样的

1. 游戏开始前，教师与幼儿共同观察玩具车外形，通过提问“汽车的前面叫什么”“汽车的后面叫什么”“汽车是用什么跑起来的”等问题，让幼儿加深对汽车外形的理解。

2. 大多数幼儿对汽车的构造并不是十分了解，教师可以提供相关视频或图片让他们熟悉，还可以事先让幼儿念一念、唱一唱关于汽车的儿歌。幼儿通过自己的生活经验来找一找玩具汽车的各个部分，可以玩“手指点一点，小嘴说一说”的对应识物游戏，进一步了解汽车的名称、特征和用途，引发他们的探究兴趣。

（二）汽车大组装

1. 在拆装之前，可引导幼儿先说一说一些工具的名称和特征，如十字螺丝刀、六角螺丝转柄等，这些工具用在哪里比较适合，并观察车身的哪些部位是用小螺丝来连接的。当幼儿把每一个部件都拆完后，教师可引导他们仔细观察一辆汽车被拆成了哪些部分，每一个部分各有几个。幼儿通过分类和点数会获得关于玩具汽车的信息：车身2块、车罩3块、车座椅1块、轮胎4个、螺丝2个、螺帽7个等。

2. 在拆装过程中，教师一定要引导幼儿先观察，再动手。在此过程中，幼儿会观察玩具汽车各部位的基本构造，及时准确地发现玩具车“破损”的原因，然后可以根据不同情况来逐步拆装玩具车。如果玩具车破损严重或者基本都是散开的，教师可建议幼儿按照从大到小的方法，即车身—车罩—轮胎的顺序进行拆装。

五、游戏建议

游戏中可为幼儿提供小盒子盛放工具和零部件，防止零部件的丢失和混合。

游戏活动　各种各样的车轮

一、游戏价值

孩子们用小汽车蘸颜料画画时，不仅能感知圆圆的车轮能滚动作画，还能在车轮拓印中观察车轮的花纹、形状和大小，体验用不同材料作画的乐趣。

二、游戏准备

1. 轮胎式样不同的小汽车。

2. 大张白纸。

3. 颜料、颜料盒。

三、游戏玩法

1. 幼儿观察不同汽车的轮胎式样，通过看一看、摸一摸来感受车轮的花纹，比较不同车轮花纹的差异，并和同伴交流，说一说自己的感受。

2. 幼儿将轮胎在颜料盒内用力来回蘸一下，并在白纸上滚动作画。通过多次滚动车轮，五颜六色的车轮痕迹在画纸上呈现，形成具有个性化的车轮滚画作品。

1 选择一辆玩具汽车

2 让车轮来回滚动蘸上颜料

3 在纸上来回滚动作画

4 观察车轮的花纹

四、游戏指导

（一）不一样的轮胎

1. 游戏开始前，教师可请幼儿先玩一玩轮胎，在玩的过程中感知不同轮胎的大小、厚度和花纹。同时，教师要引导幼儿把自己玩轮胎的感受与同伴分享，鼓励幼儿用恰当的语言来表达自己的想法。

2. 因为有些轮胎的花纹比较相似，所以会有幼儿能分辨出轮胎的不同，但又很难用语言表达清楚的情况。这时，教师可以用提示性的语言来帮助幼儿表达，或提出一些具有针对性的问题，如“轮胎的花纹有什么不同”“哪个轮胎的花纹多一点、深一点”“轮胎的大小有什么不一样”等。

（二）轮胎滚画

1. 在幼儿绘画时，教师可以提醒幼儿关注两个方面的问题。

第一，科学元素。可通过“小汽车开过的地方留下了什么”“有几条线”“车轮留下的花纹是怎样的”等问题，引导幼儿进一步观察车轮的花纹和大小。

第二，艺术体验。引导幼儿体会艺术活动带来的感受，如提问“车轮留下了什么颜色的花纹”“花纹歪歪扭扭像什么”“两种颜色碰在一起有什么变化”等。

2. 游戏中，教师可提醒幼儿蘸取不同颜色的颜料来丰富作品，并尝试从不同方向开小汽车，让整幅画更加生动有趣。

3. 由于轮胎的大小、花纹有所不同，在纸上的摩擦力也会不一样，在幼儿对活动比较熟悉以后，教师可以引导幼儿去感受摩擦力。如，再多提供一些不同类型的轮胎，作画的纸也可以多样性，增加报纸、宣纸、彩色卡纸等。让幼儿感受不同轮胎在不同材质的纸面上滚动时摩擦力的变化。

五、游戏建议

1. 颜料盒的宽度应大于两个车轮间的距离，方便幼儿蘸取颜料。

2. 颜料宜浓不宜稀，清晰的痕迹能帮助幼儿更好地观察作画效果。

3. 可以将白纸铺在有坡度的小型玩具上，创设小车爬山坡的情境，增强游戏的趣味性。

木头赛车

一、游戏价值

木头赛车是怎么“制造”出来的呢？怎样才能让它动起来？孩子在选择、组装车厢、车轮等部件的过程中，不仅可以清楚地了解赛车的外形和构造，还可以在组装的过程中观察、发现车轴等部件的重要作用。

二、游戏准备

1. 木头赛车各个部位的组装材料。

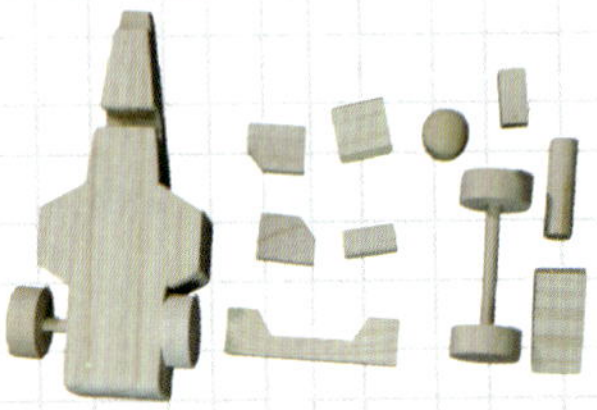

2. 白胶。

3. 贴纸。

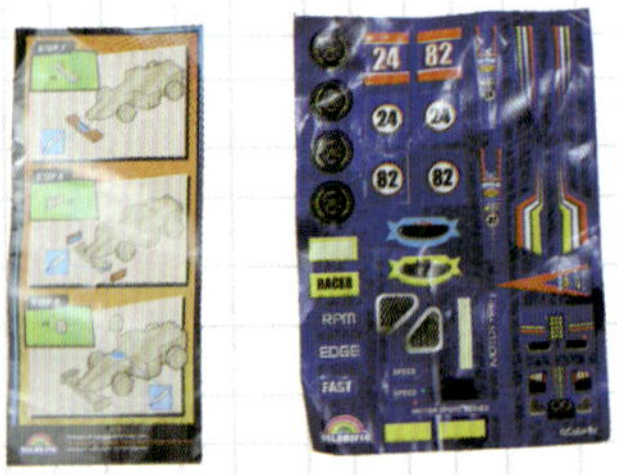

三、游戏玩法

幼儿先观察木头汽车的各个部分，了解它的组成，熟悉胶水、贴纸等工具。然后将车轴穿过车厢，并在两端套上车轮，把其他的零部件（车挡板、车座位等）用胶水粘贴在车身上，最后贴上贴纸，漂亮的木头赛车就制作完成了。

1 观察每一个零部件

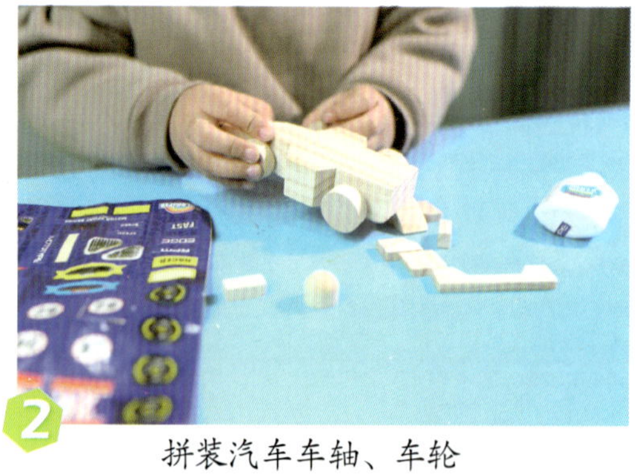

2 拼装汽车车轴、车轮

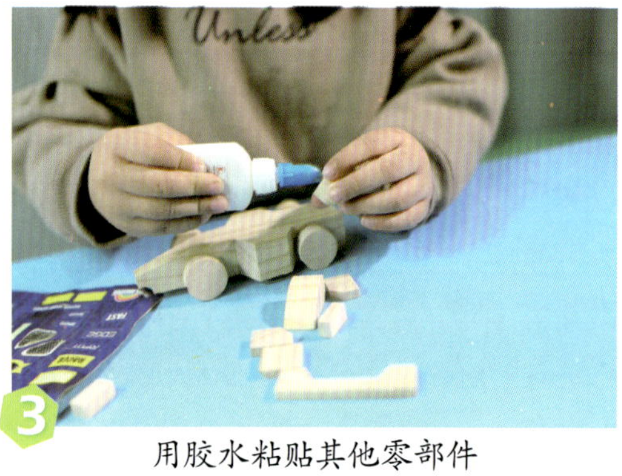

3 用胶水粘贴其他零部件

4 用贴纸装饰赛车

四、游戏指导

(一)我眼中的赛车

1. 游戏前，教师可与幼儿一起玩一玩赛车模型，帮助幼儿了解赛车的外形特征。通过“木头赛车是什么样子的呢”“它的最前面是什么”“赛车车厢和车头下面有什么”“车身上还有什么”等问题，引导幼儿仔细观察赛车的构造。

2. 比较塑料玩具汽车与木头赛车的不同。幼儿在之前的游戏里拼装过塑料玩具汽车，对拼装是有一定的操作经验的。但是两者间存在一些明显不同，如材质、拼装的方式、主体的结构、零件的数量等，因此教师可以通过比较来帮助幼儿进一步理解本游戏的重点。

(二)好玩的赛车

1. 教师提供组装成功的赛车和散架的赛车供幼儿比较观察。通过对这两者的观察可以帮助他们建立对木头赛车拼装过程的初步感受，了解零件和成品的不同状态，可用“为什么这辆木头赛车可以开动”“散架的木头赛车可以怎么组合起来”等问题来帮助、鼓励幼儿用语言表述和动手操作。

2. 组装车轴时有一个难点，幼儿往往会直接把最细的那根木轴穿在车身上，由于两者之间有比较大的空隙，对赛车的开动有一定的影响。教师可提醒幼儿将一小截木质管子套在细长的木轴上，这样木轴和车身会更契合。

3. 游戏中需要使用白胶，由于白胶是幼儿园不太常用的物品，因此，教师要事先进行试验，熟练掌握方法后，再教给幼儿。特别需要注意的是用白胶时要长按一段时间，才能保证木头之间能较好地粘在一起。

五、游戏建议

游戏中可提供自制马路背景，引导幼儿尝试开着自制赛车在道路上前进、后退和转弯，还可以自制一些斜坡或其他场景进行赛车比赛。

游戏活动 小乌龟爬爬

一、游戏价值

开出去的小车自己会开回来，滚出去的瓶子自己会滚回来，这些现象真是太神奇了！可是，为什么会出现这些现象呢？在本游戏中，可通过让孩子们制作会爬来爬去的小乌龟，引导他们感知橡皮筋弹性和回力的有趣现象。

二、游戏准备

1. 塑料碗和彩纸。
2. 大小一样的两个开好孔的瓶盖。
3. 橡皮泥、小夹子、固体胶、橡皮筋。

三、游戏玩法

1. 画一画、贴一贴：将塑料碗涂色，贴上彩色图片装饰成乌龟背；用硬纸片剪成乌龟头并粘在碗上，制成小乌龟的身体。

2. 做一做：将夹子固定于碗口两边，然后提供两个大小一样的开好孔的瓶盖，将瓶盖开口面相对，用橡皮筋先后穿过两个盖孔，把橡皮筋套在已固定于碗口两边的夹子上，制成“乌龟脚”。

3. 塞一塞：将橡皮泥塞进瓶盖中。

4. 玩一玩：将小乌龟向后拉，放手让小乌龟向前爬；向前推，放手让小乌龟向后退。比比谁的小乌龟爬得快。

1 对小乌龟进行装饰

2 用夹子固定好橡皮筋的位置

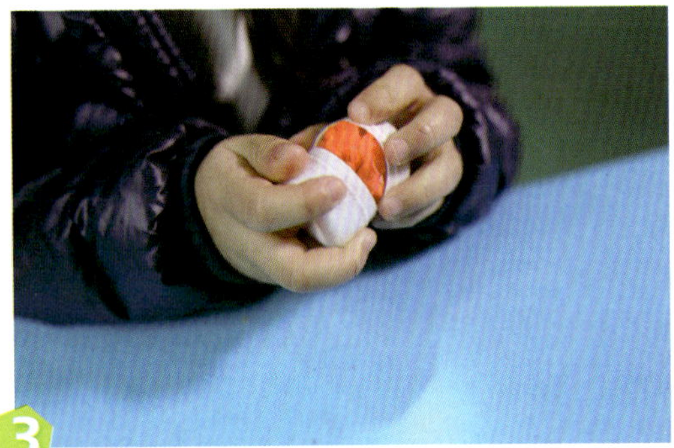

3 在瓶盖里装上橡皮泥

4 用往回拉的方法玩乌龟车

四、游戏指导

（一）制作小乌龟

1. 用一次性纸碗制作小乌龟的身体，幼儿可以选择自己喜欢的颜色（水粉颜料）给碗上色，然后用彩色纸剪出乌龟的头和尾巴，在相应部位进行粘贴。

2. 为了让小乌龟车有更丰富的造型，教师可以提供多元化的材料，鼓励幼儿用不同的材料来制作、装饰小乌龟，激发幼儿的游戏兴趣，鼓励幼儿进行艺术化的创作。

（二）小乌龟爬爬

1. 教师可先出示制作好的小乌龟，示范使小乌龟爬行，激发幼儿游戏的兴趣。然后引发幼儿观察小乌龟的身体构造，提问幼儿“看一看小乌龟玩具的身体由哪儿部分组成”“它的脚是用哪些材料制作的”，幼儿可以用“拆”的方法来进一步了解其中的奥秘。

2. 在制作过程中，教师可先引导幼儿观察一些细节，帮助他们更好地进行后续制作。如“夹子夹在乌龟背的哪个位置比较合适”“橡皮泥怎么样放更好”等。

3. 由于夹子比较紧，独自夹好夹子对幼儿来说有较大的难度，教师可以适当帮助他们，也可以请幼儿之间相互合作。

4. 幼儿在玩一玩时，通过提问“你的小乌龟会自己爬吗”“它爬得快吗”等，引导幼儿观察比较，发现橡皮泥量的多少与小乌龟爬行速度之间的关系——瓶盖里的橡皮泥太少，小乌龟爬不起来；橡皮泥太多，瓶盖合不起来，而且小乌龟会爬得很慢。

五、游戏建议

1. 游戏中，小乌龟的身体可以用硬度较大、质量较轻的塑料碗制作，也可以将普通的塑料碗或纸碗两个叠加在一起制作，以防止乌龟变形对游戏效果产生影响。

2. 教师在游戏活动前，分别提供瓶盖中没有塞橡皮泥的小乌龟和瓶盖里塞有橡皮泥的小乌龟，让幼儿观察、比较两者的爬行情况。

小车迷

设计意图：

汽车已经成为现在人们生活的一个重要组成部分，孩子们也会经常接触各种各样的汽车，并积累了一些关于汽车的经验。本活动从孩子们观察过的汽车入手，既让他们深入探究汽车的各个组成部分，又引导孩子们思考汽车和人们生活的关系，让孩子获得关于汽车的更丰富的经验。

活动目标：

1. 知道常见汽车的名称、外形特征和用途。
2. 认识汽车的主要组成部分，引发幼儿对汽车奥秘的探究兴趣。
3. 感受汽车给人们生活带来的方便和对环境的污染，建立初步的环保意识。

活动重难点：

1. 重点：对汽车的结构有一定的了解。
2. 难点：初步了解汽车和人们生活的关系。

活动准备：

1. 经验准备：请家长带领幼儿观察马路上的各种汽车，统计自己看到的汽车，并介绍有关汽车的知识。
2. 物质准备：教师与幼儿共同收集各种玩具汽车，有关汽车部件的图片，真实汽车一辆。
3. 环境准备：教师与幼儿一起利用各种汽车的图片、玩具、模型等将活动室布置成“小小汽车城”。

活动过程：

1. 我看到的汽车。

● 了解汽车的名称和外形特征。

——马路上都有什么汽车？它们的外形特征是怎样的？（请幼儿结合统计表交流“我在马路上看到的汽车”。）

● 介绍汽车。

——你能说出汽车的样子吗？你最喜欢汽车的什么地方？（引导幼儿分组玩玩具汽车，并向同伴介绍自己喜欢的汽车的外形特征及用途，教师可以进行逐步归纳，进一步激发他们了解汽车结构的兴趣和积极性。）

2. 汽车会带来什么。

● 幼儿结合生活经验，交流“汽车给人们生活带来的方便和对环境的污染”。

——你坐过什么汽车？去过哪里？如果有汽车，我们的生活会怎样？（引导幼儿感受汽车给人们生活带来的方便，如：汽车行驶的速度很快；它可以载着人们到很远的地方去旅游；它可以帮助大家装载、运送很多物品。）

● 换个角度引导幼儿讨论。

——汽车除了给我们的生活带来很多方便，但同时也给生活带来了一些不好的影响，你知道哪些？（如：交通事故的发生危害着人们的生命安全；大量的汽车尾气使空气变得浑浊，损害了人们的健康，给环境造成了污染。）

3. 汽车的秘密。

● 探索轿车的奥秘。

——你最想知道汽车的什么秘密？（引导幼儿从汽车的外形开始观察和探索，可以让他们看一看、摸一摸、坐一坐轿车，如玩玩方向盘，打开前盖和后备厢看看、转动雨刮器，看看反光镜和时速控制表等。）

● 了解轿车的组成部分和用途。

——我们一起来找找汽车部件的数量。（如：车身、底盘、方向盘、后备厢、前面车灯两个、后面车灯两个、反光镜两个、雨刷两个、车门四个等。）

● 鼓励幼儿交流自己发现的秘密。

——你对汽车里的什么东西最感兴趣？还有哪些不明白的问题？（幼儿自由回答后，教师小结：这些都是我们了解到的汽车的基本不见，其实汽车还有很多小秘密。教师出示有关汽车部件的图片，引导幼儿交流和讨论。）

活动延伸:

1. 启发幼儿提出关于汽车的更多问题，请教师、家长和幼儿一起参与讨论。
2. 可以提供汽车的主要结构图，请幼儿根据自己的喜好用不同的标志记录出它们的数量。
3. 请幼儿将各种玩具汽车放在益智区，引导进一步探索，加深对车的认识。

教学反思:

汽车在我们生活中是不可缺少的，我们几乎每天都会看到、用到车。本活动着眼于幼儿熟悉的环境，与幼儿的生活紧密相关，选择深受幼儿喜爱的车为探究对象。活动中教师采用情境导入、介绍交流、讨论思考、实际探索相结合的教学方式，让幼儿观察、思考，使他们在玩中学，为整个单元活动的开展奠定了基础。本活动设计重视激发幼儿的探索精神和分享交流的能力，巧妙地引导幼儿在愉快的气氛中主动探究问题。通过本活动，幼儿可以比较准确地说出汽车常规部件的名称，知道常见车辆的用途，满足了幼儿的探究欲望，拓展了幼儿的相关经验。

需要注意的是，在活动中幼儿到底了解了多少关于汽车的知识并不是关键，重要的是对于幼儿好奇心的激发和探究能力的培养，以及幼儿学习兴趣和态度的养成。所以，教师在指导活动时，可以适当淡化关于汽车的知识的介绍。

什么东西会滚动

设计意图:

圆圆的轮子对孩子来说一点都不陌生，他们在玩玩具车过程中都有过接触。我们用什么办法能让自制汽车开起来？本活动通过搜集各种能“转动的轮子”，旨在探索能让自制汽车开起来的办法。

活动目标:

1. 能按实验的要求进行猜测、实验和验证。
2. 在观察比较中发现会滚动的物体与不会滚动的物体各自的特点。

活动重难点:

1. 重点：能大胆猜想并尝试进行实验和验证。
2. 难点：发现会滚动物体的特点，并作出自己的判断。

活动准备:

1. 经验准备：幼儿有让物品滚动的经验；幼儿用记录表进行过记录。
2. 物质准备：记录表人手一册，笔若干，幼儿收集的各种会滚动的东西。

活动过程:

1. 猜一猜，谁会滚。

- 认识操作材料。

——你看到了哪些材料?

- 幼儿预测哪些物体会滚动。

——你觉得哪些东西会滚动？哪些不会?（幼儿按小组，预测并挑拣出自己认为会滚动的物体，放入各组的空筐里。）

——请向大家介绍一下。（各组幼儿依次说一说挑出了哪些会滚动的物品。）

2. 试一试，滚一滚。

- 幼儿做物体滚动实验，验证预先的猜测。

——请在斜坡上试一试，看看猜测的对不对。（请幼儿分别将挑选出的物体，放到斜坡板上试一试，进行验证。）

- 集体记录验证结果。

——哪些猜测是对的？哪些和猜想的不一样?（请幼儿说一说自己的验证结果，教师根据幼儿的发言在大白纸上用简笔画画出图标。）

3. 想一想，说一说。

- 思考会滚动和不会滚动物体的差别。

——会滚动的物体有什么共同的特点?（引导幼儿发现会滚的物体都有圆形的一面。）

——再看看不会滚动的物体，它们有什么特点?（引导幼儿发现不会滚动的物体都有棱角。）

- 迁移经验，根据有无圆面推测生活中的其他物体是否会滚动。

——生活中还有哪些物品是有圆形面的？它们会滚动吗？（教师根据幼儿的回答，继续画图标做记录。）

活动延伸：

1. 引导幼儿继续在生活中寻找会滚动的物体，并尝试进行滚动实验，进一步论证自己的观点。
2. 尝试进行多种条件的滚动实验，如收集不同材质的斜面，探索不同摩擦力的平面对滚动的影响；调整斜坡角度，验证斜坡角度对滚动速度的影响等。

教学反思：

在本活动中，材料的收集很重要，物品的种类和数量会直接影响活动的效果。幼儿通过操作对滚动的物体产生兴趣，发现滚动物体的形状特征，探索滚动轨迹与物体形状之间的关系。这时，教师要多用启发性、开放性的语言提供支持和引导，如"你还发现了什么""有哪些问题""为什么有些物体滚一下不动了，有些能滚到很远""有的可以到处滚，有的却朝一个方向滚""为什么有的滚得很直，有的却总是拐弯"等等。

在整个活动设计中，教师从始至终要以游戏的形式及商讨的口吻与幼儿交流，让他们能从已有经验出发，在轻松、愉快的游戏氛围中进行尝试、操作与探索，在实验的设计与记录的环节中，尽量多引导幼儿主动思考、自主完成，减少教师的干预。

一、活动准备

各类盒子（鞋盒、牙膏盒等），各类圆形物体、长杆，剪刀，橡皮泥。

二、操作方法

1. 创设游戏情境“你能否让车轮动起来”。

2. 幼儿探索制作车轮的方法。

方法一：在盒子合适的位置用剪刀对称地剪出大小合适的两个孔，用长杆连接盒子两侧的两个洞，将轮胎安装在长杆两端，并用橡皮泥对车轮进行固定。

方法二：探索哪种圆形物体可以代替车轮。

方法三：尝试制作三轮车、两轮车等多种形态的车。

三、操作指导

1. 收集可以滚动的物品，种类尽量丰富一些，让幼儿可以充分选择。

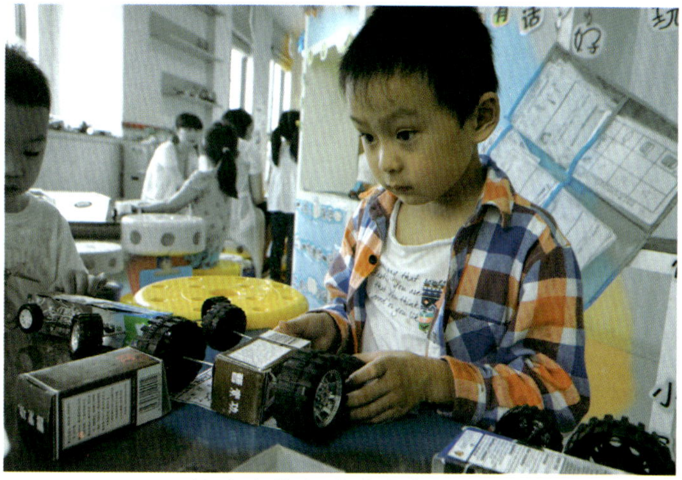

给汽车装上对称的车轮

2. 引导幼儿先准确标记孔的位置，再剪出孔洞。如果位置太高，车轮就不能着地；左右不对称，车轮又会一高一低。

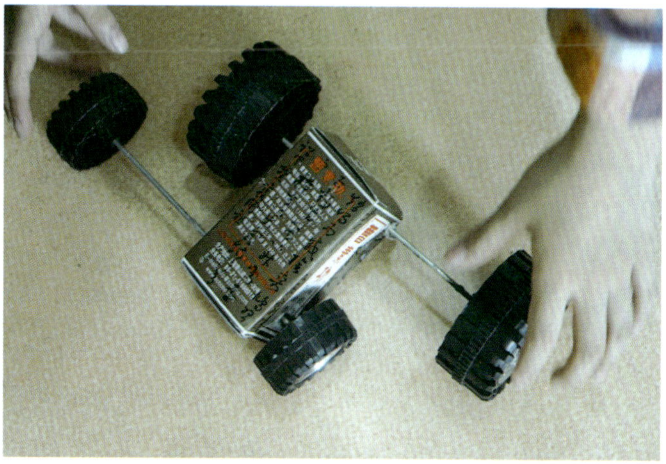

调整车轮的位置

汽车盆栽

一、活动准备

各类塑料瓶（矿泉水瓶、可乐瓶等），记号笔，丙烯颜料，水粉笔，排刷，报纸，倒背衣，水桶，剪刀，刻刀，汽车图片若干。

二、操作方法

1. 提出创作要求：“我们来做一个漂亮的汽车盆栽。”
2. 幼儿利用瓶子绘画并制作汽车形状盆栽，添加泥土后可种植各种种子。

三、操作指导

1. 提供多种特征明显的汽车图片，让幼儿在创作时可以模仿。

2. 提醒幼儿不要忘记在瓶子的下方戳几个孔，有利于种植的植物生长。

给汽车盆栽涂色

中班 · 单元四

神奇的力

游戏活动：橡皮筋小船

感知皮筋动力的大小、方向与小船运动快慢、方向的关系。

集体教学活动：下落的蝴蝶

感知重力与旋转速度之间的关系。

游戏活动：旋转的蝴蝶

自制好玩的旋转玩具，体验旋转的乐趣。

区域活动：穿越火线

利用皮筋的弹性制作“红外线网”，在游戏中发展身体的协调性和灵敏性。

区域活动：愤怒的小鸟

在投掷游戏中感知物体的弹性特征。

区域活动：秘密花园

运用不同种类的皮筋创设花园，体验创造的乐趣。

游戏活动：老虎，别跑

感知不同物体的弹性以及重力与弹性之间的关系。

游戏活动：神奇的魔法棒

感受有趣的静电现象。

单元说明

要让中班孩子领会看不见、摸不着的“力”与物体运动之间的关系，是很有难度的。只有让孩子参与各种相关的操作活动和游戏活动，让他们在宽松、愉快的氛围中自由探索、尝试和感受，才能使他们逐步感受这些“力”在生活中产生的神奇现象，从而萌发出爱动手、喜探究的科学情感和态度。

本单元从生活中最常见的“摩擦起电”现象入手，通过“神奇的魔法棒”活动让孩子们感受摩擦引起的静电现象，激发他们的探究兴趣；并通过“秘密花园”“愤怒的小鸟”“穿越火线”“橡皮筋小船”“老虎，别跑”等活动，让孩子们玩一玩不同类型的弹性小游戏，充分感知、了解弹性的基本特征。此外，游戏活动“旋转的蝴蝶”和集体教学活动“下落的蝴蝶”从孩子们自主探究和教师梳理提升两个不同层面，帮助孩子们在操作同样的材料过程中获得不同的科学经验。

神奇的魔法棒

一、游戏价值

静电是人们生活中常见的现象之一，玩滑滑梯时孩子们也会惊奇地说："你的头发竖起来啦！""我的头发也竖起来啦！"他们会反复尝试让自己的头发像"狮子一样竖起来"的动作。本活动以"魔法棒"的情境贯穿于整个游戏，使孩子们不仅能感受到有趣的静电现象，还能让他们进行色彩的配对和比赛，感受科学游戏带来的乐趣。

二、游戏准备

1. 吸管（"魔法棒"）、丝绒布、皮毛、红绿蓝三色小筐各一个。

2. 彩色电光纸。

三、游戏玩法

1. 先将彩色电光纸剪成小彩片，然后手拿"魔法棒"，将"魔法棒"在头发上摩擦一会儿，轻轻地放到小彩片上，将小彩片吸起来，最后将小彩片放到和它颜色一样的小筐中。

① 将彩色电光纸剪成小彩片

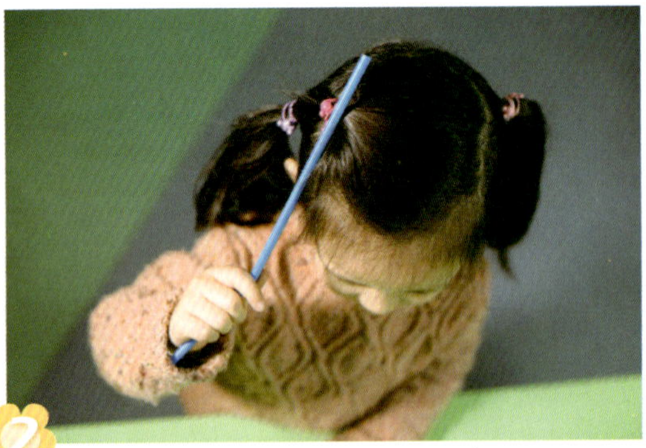

② 用"魔法棒"在头发上摩擦

③ 把摩擦过的"魔法棒"放到小彩片上

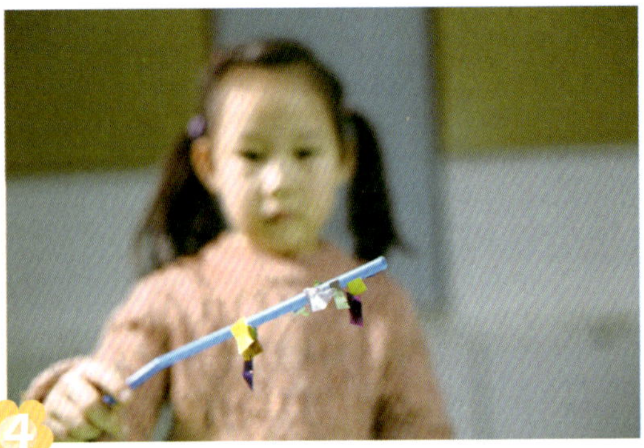

④ 小彩片被吸起来了

2. 还可以用皮毛或丝绒布摩擦“魔法棒”进行游戏。

用皮毛摩擦“魔法棒”

用丝绒布摩擦“魔法棒”

3. 幼儿可以单独进行游戏，也可以两三名一起比赛，看看谁吸到的小彩片最多。

四、游戏指导

1. 头发油腻或是头上出汗都会影响静电产生的效果，因此活动应选择较为干燥的天气进行。

2. 教师可以根据幼儿的喜好，创设不同的场景，如“小猫钓鱼”“蝴蝶找花”“小鸟回家”等，引发幼儿对游戏的兴趣。

3. 游戏时，教师可以利用口诀“摩一摩，擦一擦，一二三，吸起来”，帮助幼儿了解“魔法棒”的使用方法。

4. 游戏中，当幼儿出现尝试多次吸不上来的情况时，教师可通过语言“你再使劲摩一摩”“摩擦的时间长一些”等引导幼儿延长摩擦时间。

五、游戏建议

1. 游戏材料也可以根据需要进行替换，可以提供不同材质的纸张，如彩色纸、餐巾纸、电光纸等，或提供不同的布类，如棉布、丝绸、绒布等，让幼儿在不同的材质上进行摩擦，玩“神奇的魔法棒”游戏。

2. 还可以采用不同材质的“魔法棒”，如橡胶棒、筷子、有机玻璃棒等，看看哪种“魔法棒”可以吸到更多的“小鱼”“小花”“小鸟”。

老虎，别跑

一、游戏价值

孩子们的心中有着一种“英雄情结”，他们很喜欢模仿“正义的使者”去消灭欺负弱小的坏人、解救好人。因此，本活动中设计“打老虎”的游戏情境，不仅可以满足孩子们的“英雄情结”，也可以增添游戏乐趣。在本游戏中，将投掷活动与弹性原理结合起来，通过选择弹性不一样的弹力绳，能让孩子感知到不同的弹性。还可以提供三种以上不同重量的球，让孩子们发现重力大小与弹性之间的关系。

二、游戏准备

1. 可站立的“老虎”图卡。

2. 弹力绳，可组装的塑料半球。

3. 回形针若干。

三、游戏玩法

1.创设游戏场景。将弹力绳的一端塞进两个塑料半球中并盖紧，在弹力绳的另一端打结。随后用回形针将“老虎”图卡在顶端夹住，立在桌子的一边。

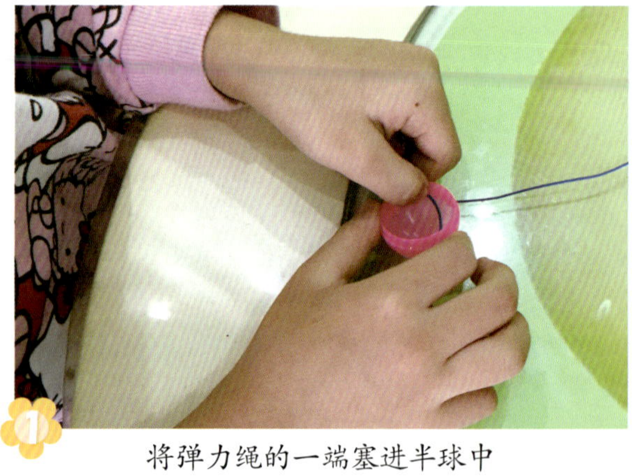

①将弹力绳的一端塞进半球中

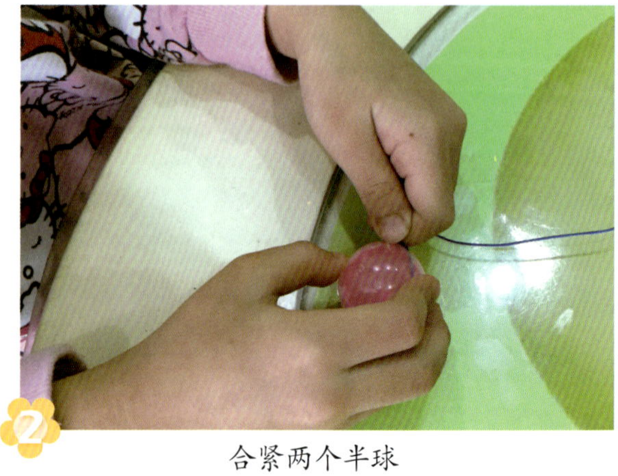

②合紧两个半球

2. 游戏时，幼儿将弹力绳打结的一端套在手指上，人站在“老虎”图卡的另一边，手握住弹力球并向“老虎”图卡用力掷出，看谁能打倒“老虎”。

将弹力绳套在手指上

手握小球

用力掷向“老虎”

3. 幼儿可以单独游戏，也可以两三名一起比赛，看看谁打倒“老虎”的次数多。

四、游戏指导

1. 教师在创设游戏情境时，可以寻找本班幼儿现阶段感兴趣的话题来进行，除了“老虎，别跑”外，还可以是“解救小白兔”“学做解放军”等，只要情境富有趣味，能引发幼儿游戏兴趣即可。

2. 教师可以事先在半球中放入不同重量的物体，如橡皮泥、石头等，让幼儿去试试每种不同重量的球，并通过“为什么有的球打得到老虎，有的球打不到呢”等问题，去引导幼儿逐步发现重力与弹性之间的关系。

3. 可以提供长度相同的各种不同材质弹力绳，如橡皮筋、松紧带等，让幼儿自由选择不同弹力绳进行游戏，感知发现不同材质弹力绳弹性的不同。

五、游戏建议

1. 游戏中弹力绳的长短可根据目标物与发射点之间的距离调节，过长会降低游戏难度，过短会使幼儿在游戏中缺少成功的体验，从而导致幼儿失去游戏的兴趣。

2. 教师在游戏中要引导幼儿注意发射点与目标物之间的距离。距离过远，游戏的难度会增加，幼儿打到目标物的机会就比较少；距离过近，则游戏缺乏挑战性。因此，可根据班级幼儿游戏的状况，及时引导幼儿调整发射点与目标物之间的距离。

橡皮筋小船

一、游戏价值

我们经常会听到孩子们在问“为什么沙发坐上去软软的”“为什么羊角球可以带着我蹦上跳下”“为什么弹簧小人可以变长又变短”等问题。本活动利用游戏化的情境创设，以小船为载体，将橡皮筋和小船结合在一起，让孩子通过做一做、玩一玩，来观察橡皮筋弹性势能转化为动能的现象，感知皮筋的动力大小、运动方向与小船运动快慢、运动方向的关系。

二、游戏准备

1. 用木片制成小船和船桨，船桨中间打两个洞。
2. 装满水的塑料盆，橡皮筋若干。

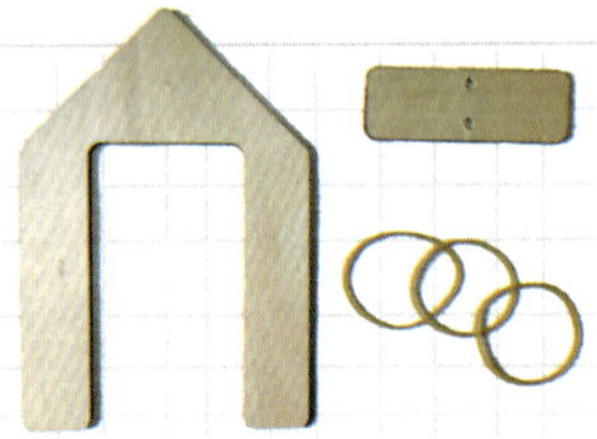

三、游戏玩法

1. 制作船桨。将剪开的橡皮筋穿过船桨上的两个洞，并打结。

将剪开的橡皮筋穿过船桨

给橡皮筋打结

2. 小船开动了。将船桨套在船身上，往一个方向转动船桨若干次后捏紧船桨。将小船轻轻地放入水中，松开船桨，小船就在水中行驶了。

将船桨套在船身上

往一个方向转动船桨

将小船轻轻地放入水中，松开船桨

小船在水中行驶

3. 游戏可单独进行，也可以两三人进行比赛，看一看谁的船开得最快、最远。
4. 还可以提供彩色笔，让幼儿在船体上涂色，根据颜色分组进行游戏。

四、游戏指导

1. 游戏时，可重点引导幼儿探索使小船行驶的方法和原理，观察橡皮筋在船移动过程中的作用、船桨是怎样使船在水中移动的，探索使小船开得更快的方法（橡皮筋转动圈数越多，小船开得越快）。

2. 船桨转动的方向与小船开动的方向是相反的。当船桨向前转动时，小船在水中会后退；船桨向后转动时，小船就会向前开。游戏中，教师可以有意识地引导幼儿两个方向都去试一试，仔细观察这一现象并思考。

五、游戏建议

1.游戏场景可以是自然场景中任何有水的地方，如小溪。教师还可利用室内的水槽、户外的戏水池等较长的水道进行游戏，让幼儿有更充分的时间观察。

2.船身除了木板，也可以用其他较为轻薄的材料代替，如泡沫、薄夹板、KT板等。

旋转的蝴蝶

一、游戏价值

风车在转，陀螺在转，钟表指针也在转……旋转作为事物运动的一种方式，在我们的生活中处处可寻。我们将孩子喜爱的蝴蝶与旋转相联系，让孩子自己动手制作，使“蝴蝶”在电线上转起来，不仅满足孩子动手操作的需要，也让他们感受自制玩具的快乐。

二、游戏准备

1. 彩色纸、包装线。
2. 薄垫片、圆柱形铅笔或木棍。
3. 长30～40厘米的电线一根，铁丝一根。

三、游戏玩法

1. 将彩色纸折成小蝴蝶，用包装线固定。再将彩色蝴蝶用包装线绑在垫片上。

1 彩色纸折成小蝴蝶，用包装线固定

2 用包装线将彩色蝴蝶绑在垫片上

2. 铁丝绕成如图所示形状，制作好两个同样的蝴蝶后把它们分别套入铁丝的两端。

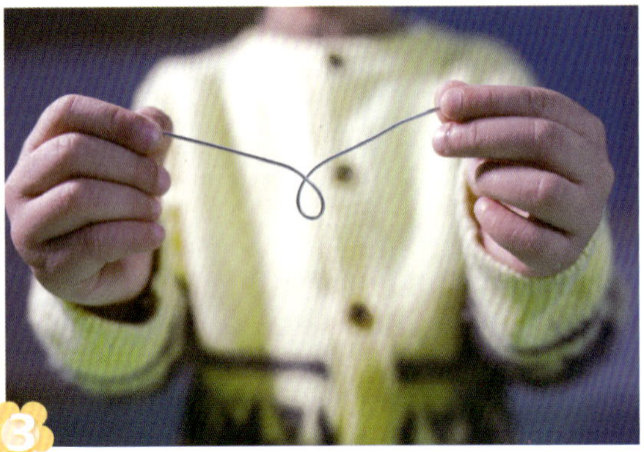

3 如图绕铁丝

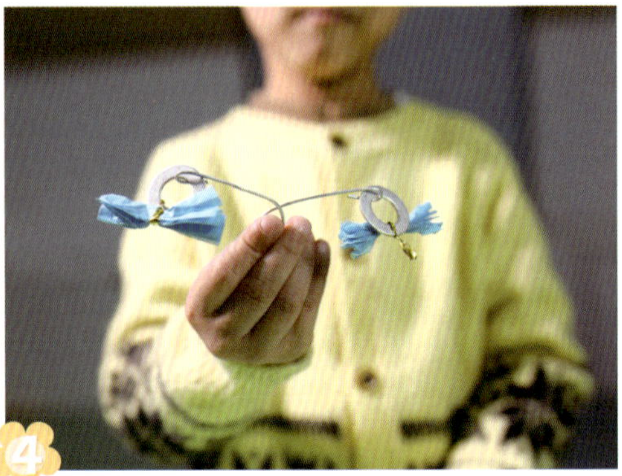

4 将两个同样的蝴蝶套入铁丝两端

3. 将电线一圈一圈地绕在铅笔上，注意不要重叠缠绕，绕好后将铅笔抽出，然后将电线直立，把蝴蝶彩片的铁丝套入电线顶端，观察蝴蝶彩片自由地从顶端旋转下落。

把电线一圈一圈地绕在铅笔上

捏住电线两头轻轻拉开成螺旋状

将蝴蝶彩片套入电线顶端，让它自由地从顶端旋转下落

4. 可以在两边的蝴蝶彩片背面分别增加相同数量的垫片，看一看蝴蝶从电线顶端旋转下落的速度是否有变化。

5. 比一比：两个幼儿同时把蝴蝶彩片套入电线顶端，看看谁的蝴蝶能更快、更顺畅地从电线顶端旋转落下。

四、游戏指导

1. 游戏时，教师可提供直的和螺旋状的电线，引导幼儿观察蝴蝶彩片的下落现象，说说哪根电线玩起来更有趣，以此激发幼儿产生制作和探究旋转蝴蝶的兴趣。

2. 制作过程中，引导幼儿关注操作的细节，如：笔从旋转电线中抽去时，绕圈电线间的距离是否均匀，线圈过密会导致蝴蝶彩片无法旋转下落，线圈过疏会导致蝴蝶彩片直接滑落而非旋转下落。

3. 将电线绕圈后，把垫片逐个粘贴在蝴蝶彩片后，每次左右两边同时增加相同数量的垫片，探究增减蝴蝶彩片的重量与旋转下落速度之间的关系。

五、游戏建议

1. 提供不同大小和重量的垫片，请幼儿进一步感知重量增减与旋转下落速度之间的关系。

2. 除了自制蝴蝶，还可以引导幼儿自制蜜蜂、小鸟、气球等物体来进行游戏。

下落的蝴蝶

设计意图:

旋转现象来源于孩子的生活，把它作为科学探究的内容，是基于孩子的生活经验，同时又具有一定的挑战性。因为在游戏的过程中，孩子通常能表达自己感知到的旋转现象，但为什么“蝴蝶”会旋转着落下来，他们并不能说出原因。因此设计本次集体活动，帮助孩子梳理在探究过程中的发现，把孩子零散的、无目的的探究以控制变量的形式整合起来，让孩子在探究过程中体会到与众不同的乐趣。

活动目标:

1. 发现蝴蝶玩具旋转的秘密，尝试进行初步的科学探究活动。
2. 感知重力与旋转速度之间的关系。

活动重难点:

1. 重点：发现蝴蝶旋转的秘密。
2. 难点：体验不同重量的蝴蝶与旋转速度之间的联系。

活动准备:

1. 幼儿操作材料：电线、铅笔、吸管、塑料棒，不同颜色的蝴蝶彩片若干。
2. 夹子、记录纸。

活动过程:

1. 不一样的电线。
   - 观察、比较两根电线的不同。

   ——把蝴蝶彩片分别套在不同的电线中，蝴蝶会怎样落下来?
2. 蝴蝶落下来。
   - 提供铅笔、吸管、塑料棒等，让幼儿制作粗细不同的弹簧电线。
   - 幼儿玩一玩、试一试，让蝴蝶旋转起来。

   ——相同重量的蝴蝶彩片在不同粗细的弹簧电线中是怎么旋转起来的?

   ——不同重量的蝴蝶彩片在相同的弹簧电线中又是怎样旋转落下的？你有什么新发现?

3. 不一样的旋转。

● 幼儿将探究的结果记录下来，分小组交流和讨论。

活动延伸:

将操作活动材料投放至班级科学区角中，请幼儿在活动后继续探索不同重量的蝴蝶彩片旋转的秘密。

教学反思:

幼儿科学教育不是“教”科学，而是“做”科学。材料是物质环境的一个重要组成部分，是幼儿活动的物质基础。幼儿通过与材料的相互作用，可获得多种经验，使各方面能力得到发展。在幼儿科学探究活动中，教师应不断思考：如何将科学活动的教育目标和具体内容转化为幼儿可操作、可探究的活动？活动材料准备要注意什么？要达成该活动教育目标需要哪些材料？什么样的材料能引发幼儿的探究兴趣？为什么要提供这些材料？材料的形状、大小不同是否阻碍了幼儿的探究？又有何影响？

在本活动中，教师对幼儿制作旋转彩片所需要的材料进行了理性思考和精心筛选。如：使用电线的原因是考虑到如果投放铁丝、绒棒等其他材料，会造成不必要的干扰，幼儿盲目选择材料，容易使探究活动陷入困境；为了增强幼儿探究的兴趣，使幼儿有序参与探究活动，教师有目的、有意识地投放重量不同的彩片，让幼儿在玩中感知、观察不同重量彩片转动的现象。

在科学活动中，充分的材料准备为幼儿探究活动提供了成功的可能，材料的选择直接影响着活动的成败。有结构的材料是引发幼儿探索的基础，它隐含着教育目标与内容，在被使用时能揭示自然现象间的某种关系。但是教师应该注意适当控制实验变量，提供突显一种现象或一对因果关系的材料。因为当有多对关系与矛盾同时存在时，幼儿难以厘清其中的原理。只有在与有结构的材料互动中，幼儿才能更好地感知现象、发现事物间的因果关系。

一、活动准备

彩色橡皮筋、8字扣、夹子、纸盘、各种纸箱。

二、操作方法

1. 幼儿之间相互合作，运用纸箱、彩色橡皮筋等多种材料进行区域划分和装饰，打造属于自己的“秘密花园”。

2. 幼儿可以在自己搭建的“秘密花园”中说说悄悄话，玩玩小游戏。

三、操作指导

引导幼儿感知不同种类橡皮筋的弹性差异，并思考如何在游戏中合理地使用。

一、活动准备

布置好的游戏场地，毛绒猪头玩具，弹性球或毛绒小鸟玩具。

二、操作方法

1. 幼儿选择不同的弹性球，站在起点线外将猪头打落。
2. 幼儿尝试根据自身能力和弹性球绳的弹力大小设置合理的游戏距离。

三、操作指导

引导幼儿感受不同长短的弹性球绳可以投掷不同的距离。

一、活动准备

铃铛、橡皮筋若干。

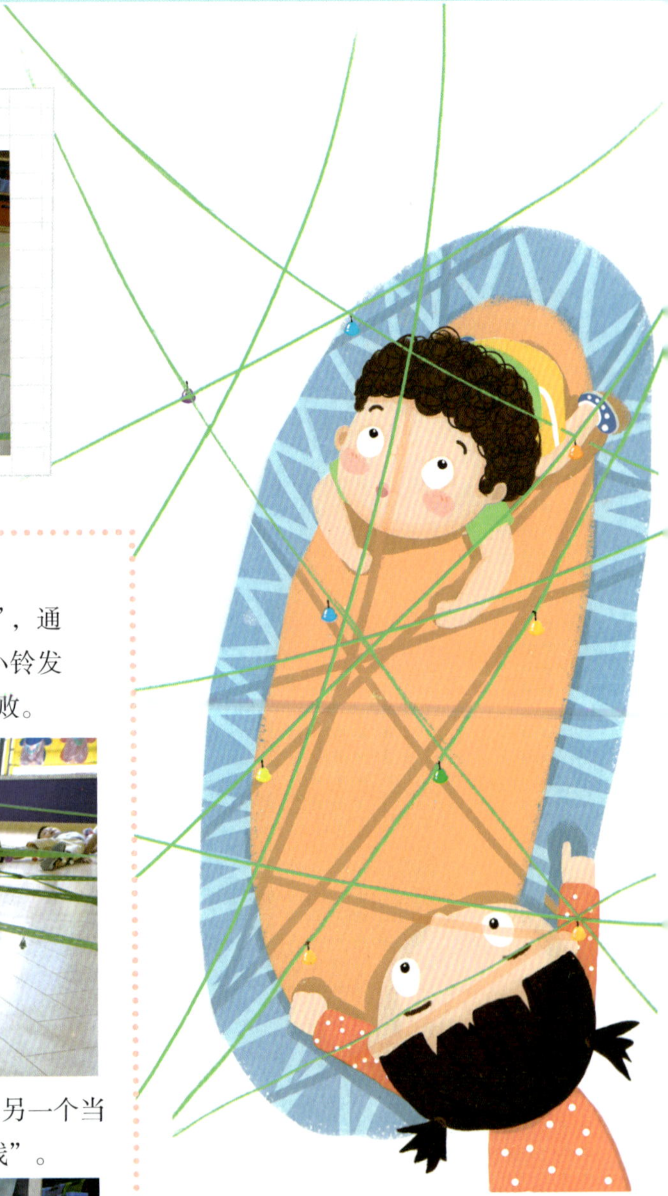

二、操作方法

1. 幼儿自己拉橡皮筋制作“红外线网”，通过险道到达目的地，在此过程中不能碰到小铃发出声音，若发出声音被看守者听到则闯关失败。

2. 两个幼儿相互配合，一个当穿越者，另一个当指挥官，用各种方位词指导穿越者“穿越火线”。

三、操作指导

引导幼儿感受不同种类的橡皮筋的不同弹性，尝试在游戏中认识和了解弹力，并在学会躲避的同时发展身体的协调性和动作的灵敏性。

大班 · 单元一

好玩的沙

区域活动：筛沙子

通过不同工具的使用感知沙的特性。

游戏活动：沙雕

利用沙的特性进行创意造型，初步掌握各种工具的使用方法。

游戏活动：沙画

在创意表达的过程中锻炼观察、比较能力。

区域活动：多变沙箱

体验利用彩沙进行创作所带来的乐趣。

游戏活动：做个沙漏玩玩

发现沙漏内沙流动的速度与瓶盖上孔多少之间的关系。

集体教学活动：有趣的沙漏

探索发现沙漏的速度与瓶盖上孔的大小、多少之间的关系。

游戏活动：沙摆

观察沙摆运动的轨迹，感受科学和艺术结合带来的美感。

集体教学活动：好玩的沙摆

探究沙摆运动方向、力度、弧度等因素与图案形成之间的关系。

单元说明

沙是孩子们生活中最常见的物体之一，它可变化的形态和多样的玩法满足了孩子们对于动手操作和尽情创造的需求。与此同时，无拘无束、自由自在地玩沙时光，给了孩子们积极愉快的情绪体验；对不同质地的沙子，如湿沙、干沙、颗粒粗细不同的沙子等的接触，给孩子们提供了特殊的感知觉；而在任意挖、堆、铲、筛等多种方式的玩沙过程中所呈现出的一个个造型，更进一步促进孩子们对空间关系的认识。在本单元中，我们一方面通过室内和室外两种不同活动场所的选择，给孩子们充分感知、了解沙特性的机会，另一方面通过较为自由的游戏活动、区域活动与重点经验突出的集体教学相结合的方式，帮助孩子们逐步梳理和提升关于“沙”的相关科学经验。同时，各种玩沙工具的使用以及用沙进行创造性的艺术表达也是本单元活动的重点。

游戏活动　沙雕

一、游戏价值

沙具有细小、松软、加水后可以任意造型的特点。在户外沙雕游戏中，孩子们可以充分与沙互动，接触到不同质地的沙子，如湿沙、干沙、粗沙、细沙等，获得有关沙的感知。同时，各种各样沙雕工具的提供，不仅能让孩子们在堆砌、敲打、雕刻等动作中创意表达自己的想法，还能让他们认识各种各样的工具，初步掌握工具的使用方法。

二、游戏准备

1. 大小、形状不同的模具若干。
2. 沙雕工具若干。

三、游戏玩法

1. 幼儿在沙池中自由玩沙，充分感受沙的特性。

1 在沙中倒入适量的水，将沙浸湿

2 将湿沙装进模具中，用手敲实

2. 在玩沙的过程中认识各种各样的沙雕工具，了解其作用。教师可作“这个工具是什么样子的”“什么时候可以用到它呢”等提问。

3. 掌握制作沙雕的基本技能，首先在沙中倒入适量的水，接着将沙装进模具中，用手敲实，再倒出沙基，最后选择适合的工具进行雕刻创作。

3 利用模具制作更多的沙基

4 选择雕刻工具进行创作

5 晾干并保存作品

四、游戏指导

1. 制作沙基时，需加入少量水；在敲击的时候，提醒幼儿不要扬起沙土。

2. 引导幼儿倒出沙基的时候动作要快，拿起沙雕盒的时候动作要慢。

3. 当幼儿进行沙雕活动的时候，教师可与幼儿轻松地交流，鼓励幼儿说出自己的想法，如“你想做一个怎样的沙雕”“可能会用到什么工具”。

4. 当作品完成时，教师可以和幼儿一起欣赏和交流，帮助幼儿完善并保存自己的作品，为沙雕作品的集中展示做准备。

五、游戏建议

1. 在制作沙基的时候可以引导幼儿关注“水放多少才合适”，鼓励幼儿进行试验，从而发现水和沙子的比例，然后请幼儿交流分享制作坚固沙基的方法。

2. 活动中，教师还可以为幼儿提供液体胶水，帮助幼儿用水稀释后倒在沙雕上，使沙雕作品能长期保存。

3. 幼儿制作的大型沙雕建构作品还可用拍照的方式保存，既可以用于班级的环境创设和装饰，也可以呈现在幼儿活动的环境中进行展示。

游戏活动 沙画

一、游戏价值

用彩沙制作的沙画因其色彩美丽、具有凹凸感、立体效果明显，深受孩子们的喜爱。同时，制作沙画的过程不仅锻炼了孩子们对色彩的运用和表达能力，如对比色的搭配、渐变色的利用等，还让孩子们对胶水和沙的使用比例问题进行探索，在此过程中逐渐提高观察力和分析能力。当然，沙画的制作还需要一些耐心，这对于孩子们来说，也是一个美感与毅力兼具的游戏哦！

二、游戏准备

1. 透明底板两块：一块有黑色轮廓图案，另一块空白。

2. 两个夹子，乳胶，小刷子，彩色沙子若干。

三、游戏玩法

1. 幼儿仔细观察黑色轮廓板上图案，在图案上涂上乳胶，用刷子刷均匀。随后选择自己喜欢的彩沙倒在乳胶上，逐步对图案进行填画。

2. 将制作好的沙画用空白透明板盖上，随后用小夹子夹住，这样，一幅沙画就制作完成了。

3. 请幼儿在空白透明板上任意画出自己喜欢的图案，然后利用乳胶和彩沙进行沙画制作。

1 将少量乳胶挤在画板轮廓中

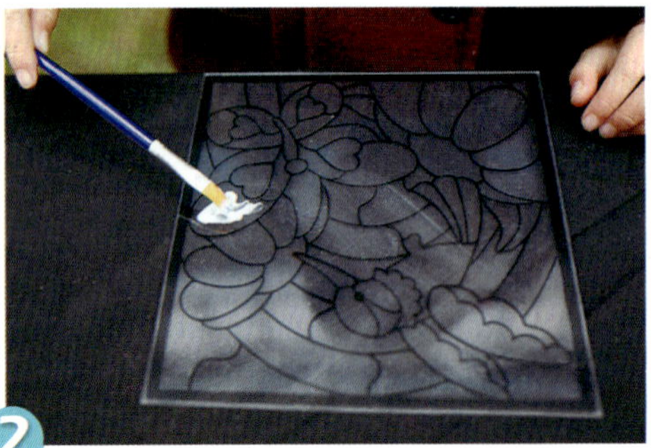

2 用刷子将乳胶涂抹均匀

3 倒入适量彩沙

4 更换不同颜色彩沙，完成作品

四、游戏指导

1. 在作画过程中的，幼儿不太容易掌握乳胶的用量，可以提醒幼儿先挤出米粒大小的乳胶，然后用小刷子在轮廓内均匀涂抹。

2. 在填沙的过程中教师可以引导幼儿思考“我们怎么填沙才能让你的画面更漂亮呢”“你在填的过程中遇到了哪些困难呢”等问题，以此来激发幼儿关注沙的颜色搭配、沙的多少与画面效果的关系。

3. 在幼儿进行创意沙画时，教师需引导幼儿注意自己创作的图案的复杂程度，建议他们画一些较为简单的图案，如果图案太过复杂会不利于彩沙的填充，制作的难度太大。

4. 沙画的制作对部分幼儿来说可能会有一些困难，教师也可事先提供一些图案更为简单的底板，等幼儿熟悉沙画制作的技巧后再利用稍复杂一些的底板来制作沙画。

五、游戏建议

1. 在幼儿完成自制沙画后，可以引导幼儿用挤黑色颜料的办法来勾画线条，使画面更具立体感。

2. 引导幼儿用透明板到户外进行写生，鼓励幼儿先把自己喜欢的景物轮廓画下来，再进行沙画的制作。

游戏活动 做个沙漏玩玩

一、游戏价值

沙漏，是古时候的一种计量时间的仪器，而在孩子眼中，它更是一种有趣的玩具。沙子为什么会漏下来？为什么有的漏得快，有的漏得慢？在本游戏中，孩子能逐渐发现沙漏内沙流动的速度与瓶盖上孔的多少之间的关系。同时，自己动手制作沙漏的过程，还能让他们体验亲身操作所带来的成就感。

二、游戏准备

1. 矿泉水瓶盖若干：瓶盖上分别戳一个小洞、一个大洞、两个洞、三个洞。

2. 矿泉水瓶，彩沙，剪刀，透明胶带。

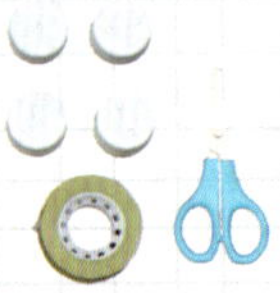

三、游戏玩法

1. 在空的矿泉水瓶中倒入适量彩沙。

2. 选择一个瓶盖在矿泉水瓶上拧紧，观察瓶盖上有几个孔，把数字记录在标签上。

3. 将另一个空的、无盖的矿泉水瓶对接在一起，用透明胶带将两只瓶子瓶口缠好并固定，再将之前记录的数字标签贴在矿泉水瓶身上。

4. 将制作好的沙漏翻转过来，观察沙子的流动，并一起记录沙子从一个瓶中全部流到另一个瓶中所用的时间。

1 选择不同孔数的瓶盖

2 将瓶盖盖在装有彩沙的瓶子上

3 用透明胶带将上下两个瓶子固定

4 观察沙的流动速度

四、游戏指导

1. 游戏中幼儿要将彩沙从塑料袋中倒进矿泉水瓶是有一定难度的，教师可以问幼儿“我们可以用什么方法把塑料袋里的沙倒进瓶子呢”，同时提醒幼儿注意不让沙漏到桌子上，让幼儿尝试用各种方法倒沙，如：可以用纸板自制漏斗，也可借用沙摆游戏中的小漏斗等。

2. 游戏中沙漏制作的难点是将两个瓶口对接，用胶带纸固定。这个环节中，幼儿表现出来的能力差异通常比较大，教师不需要急着介入，可以在一旁细致地观察幼儿的表现，给幼儿充分的探究时间，让幼儿尝试自己解决问题，如瓶子容易滚动，可以先固定瓶子，然后用透明胶带进行瓶口固定。在必要时也可引导幼儿两两合作：一人扶住瓶子、另一人用胶带纸固定的方法来完成。

3. 引导幼儿思考：如何比较沙子的多少？（可在矿泉水瓶上画上刻度，控制和比较沙子的多少，同时为后面的集体活动的探究做准备。）

4. 沙漏做好后，幼儿自由开展玩沙漏的游戏，如比一比谁的沙漏中的沙子先流完，想一想沙子流动的速度与哪些因素有关等。

5. 教师可以把幼儿制作的沙漏放在班级区角中，作为平时活动的计时工具。

五、游戏建议

1. 制作沙漏时，有些环节需要幼儿合作完成，因此，教师可事先引导幼儿做一些其他类型的合作游戏，如两人三足、建构游戏等，培养幼儿之间合作的默契。

2. 可以在沙漏中放入小米、绿豆或黄豆等谷粒制成米漏；还可在沙漏中放入水，制成“水漏”。在更改沙漏中材料的同时，瓶盖上孔的大小也需要做相应的调整。

沙摆

一、游戏价值

沙摆游戏将“漏”和“摆”两种运动方式结合，让孩子们通过反复操作，观察沙摆运动的轨迹，探索沙摆运动方向、力度、弧度等因素与所形成图案之间的关系。同时，黑色卡纸和彩沙两种材料的结合让原本不可见的摆动轨迹变得清晰可见，使他们能够体验科学与艺术结合所带来的美感。

二、游戏准备

1. 制作漏斗用的半圆形纸，3根长棉线，双面胶，夹子。

2. 各色彩沙，绿色卡纸。

3. 3根小木楦，2个圆底座，3根柱子（其中一根上开有3个孔）。

三、游戏玩法

1. 制作支架：幼儿先将两根没有孔的柱子分别插入圆形底座内，再将有3孔的柱子横插入两根柱子之间。

2. 制作漏斗：将半圆形纸围成漏斗的形状，按照纸上所示涂上胶水并黏合，在边缘处剪开3个小洞。

3. 将棉线分别穿入漏斗的3个洞并悬置，取相同长度的棉线让漏斗保持水平状态。

4. 固定棉线：将棉线另一端从顶部往上穿过横柱中间的洞，并用夹子固定。

5. 将绿色卡纸平放在桌上，将支架放在卡纸正上方。

6. 用手指堵住漏斗的底部，在漏斗中倒入适量彩沙，拿着漏斗往任意方向将绳子拉直，然后瞬间放开漏斗，让其自由摆动，观察卡纸上的图案变化。

1 组装支架

2 制作漏斗

将线依次穿过漏斗上的小洞

用夹子将沙摆固定在支架上

将彩沙倒入漏斗并用食指堵住漏孔

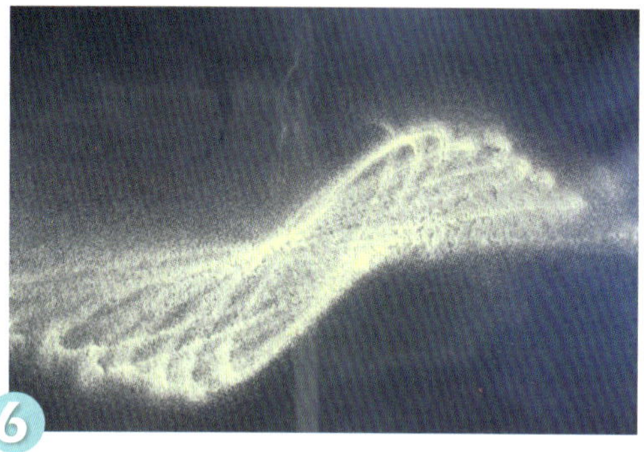
将棉线往任意方向拉直后松手并观察图案

四、游戏指导

1. 游戏材料中的支架底盘较小，在摆动过程中容易倾倒。因此，需引导幼儿考虑支架的固定问题。教师可引导幼儿思考“怎样可以让你的支架不倒下来呢”，如增加重物、用胶带固定等方法。

2. 在游戏中，漏斗制作存在困难：半圆形边缘黏合太紧沙子就落不下来，黏合太松沙子落得太快，因此可以鼓励幼儿观察漏斗的开口大小与漏沙量之间的关系，引导幼儿不断调整漏斗下端开口的大小。

3. 游戏中，棉线的长度要相同，不然沙摆容易倾斜。教师可以引导幼儿关注如何让三根棉线一样长。

4. 在游戏中，鼓励幼儿自由摆动沙摆，观察图案的变化，并引导其用清晰的语言表述自己的发现。

5. 活动结束后，引导幼儿将卡纸折叠，将彩沙轻轻地倒入相应的瓶罐中，供下次游戏时使用。

五、游戏建议

1. 教师可以用相机或示意图的形式将幼儿游戏过程及操作结果进行记录，呈现在幼儿活动环境中，供幼儿交流讨论。

2. 操作过程中，教师要适时提醒幼儿，在沙摆摆动过程中不要用手触碰，应观察沙摆自然摆动所形成的图案，并鼓励幼儿大胆尝试创作不同的沙摆图案。

好玩的沙摆

设计意图:

在游戏活动中，孩子们每人制作了一个好玩的沙摆，在反复玩耍的过程中，幼儿会发现沙摆每一次摆动形成的图案都有所不同，因此会产生强烈的好奇心和探究兴趣，但孩子们自主探究通常比较零散，观察的目的性也不强。因此，设计本次集体活动的意图在于：引导孩子们细致观察沙摆运动的轨迹，尝试发现沙摆运动方向、力度、弧度等因素与形成图案之间的关系。教师通过提出“图案是怎么摆出来的呢”“有什么方法可以摆出这些图案呢”等问题，当孩子们发现图案形成的秘密后，教师设计了第二环节，让孩子们运用自己发现的方法来制作蝴蝶的图案，这对他们来说又是新的挑战，以此引导孩子们不断尝试新的方法，体验探究发现带来的乐趣。

活动目标:

1. 尝试发现沙摆的摆动与形成图案之间的关系。
2. 体验运用自己探究的方法来制作图案的成就感。
3. 感受沙摆形成变幻无穷的图案之美。

活动重难点:

1. 重点：发现沙摆的摆动能影响图案的变化。
2. 难点：运用多种方法制作图案。

活动准备:

1. 架子，沙摆，彩沙，卡纸。
2. KT板，记录纸。
3. 照相机，电脑。

活动过程:

1. 沙摆的游戏。

——这是什么？昨天我们一起玩了沙摆，你是怎么玩的？

● 教师根据幼儿回答，梳理游戏规则。

——两人合作，一人倒沙，一人堵住漏洞。

——在沙摆摆动过程中，注意不能用手触碰，而是观察沙摆自然摆动所形成的图案。

——两人合作，将沙子倒回。

2. 沙摆与图案的秘密。

● 操作前引导幼儿大胆尝试。

——我们可以从不同的方向都去试一试、玩一玩。

——一边玩，一边想：怎么会产生这样的图案？图案是怎么来的呢？把你的发现告诉大家。

● 幼儿操作，教师巡回指导。（巡回指导时引导幼儿关注沙摆摆动的方向与形成图案之间的关系。）

● 集中梳理游戏经验，探究沙摆与形成图案之间的关系。（利用照片记录幼儿的作品，边出示照片，边讲解。）

——你的沙摆画出了什么图案？你是怎么玩的？你发现了什么？

● 梳理幼儿运用的方法。

——原来，摆动的方向不一样，就会形成不同的图案。

——在玩沙摆的时候，你还有什么问题和发现吗？

3. 秘密再探。

● 再次操作，尝试从不同的方向、用不同的力度来摆，发现沙摆摆动与形成图案之间的关系。

——从不同的方向、用不同的力气，去试一试，想一想：图案的形成还有什么秘密？一会儿和大家分享。

● 教师小结：同样的方向，力度不同，形成的图案也不一样。（由于图案形成还与很多因素相关，可根据幼儿的发现，灵活梳理。）

4. 自制沙摆图案。

● 教师出示图案，幼儿第三次操作，运用自己探究的方法来制作图案。

——你可以摆出这种图案吗？可以用什么方法？

——请你去试一试，看哪个组能在规定时间摆出图案。

——你喜欢哪一张？这个图案是怎么摆出来的？

● 教师出示幼儿摆出的各种图案供集体交流，使幼儿感受不同沙摆图案所带来的乐趣。

活动延伸：

1. 在幼儿了解了沙摆的摆动与形成图案之间的关系后，还可以探究沙摆摆动的速度与哪些因素相关。

2. 引导幼儿利用沙摆进行相关艺术创作活动。

3. 幼儿还可以在家里利用各种废旧材料，自制各种好玩的沙摆。

教学反思:

学者德加默曾经提出“提问得好即教得好”这一观点。教师准确、恰当的提问能激发幼儿的学习兴趣，并将幼儿的探究活动引向深入。因此，从某种意义上说，有效地提问是促使幼儿科学探究活动有效开展的基础。

本次活动设计分两大部分，第一部分是引导幼儿探究沙摆摆动与形成图案之间的秘密。在此环节设计中，先是了解摆动方向与形成图案的关系，然后进一步发现力的大小、沙量的多少与形成图案的关系。如果教师提问“你摆出了什么图案”“你是怎么玩的”等问题，这种指向性较强的问题给幼儿的探究的空间较少，难度也偏低，使科学活动缺乏探究性。

如何设计有效的问题，引导幼儿自主发现，并将探究引向深入呢？教师将问题设计进行了调整，预设框架后设计了开放式的问题：怎么会产生这样的图案？图案是怎么来的呢？把你的发现告诉大家。同时，在第一层次中，设计两个“小台阶”，先引导幼儿关注一些比较明显的现象，如：摆动方向与图案有关系吗？你发现了什么？然后，通过提问、互动，将幼儿引向全面的探究和更深入的思考：你还有什么不明白的地方吗？还能发现沙摆的哪些小秘密呢？在教学中，根据幼儿的原有经验和探究水平的差异，进行灵活的调整。

虽然活动设计有较大的灵活性，给教师的现场教学带来了一定的难度，但是通过开放式的问题和指向性问题的综合运用，使此次科学活动不仅好玩，而且更具有探究性。通过提问方式的变化，不断地鼓励幼儿运用多种方式去玩沙摆，幼儿自由地表达、尝试，发现沙摆的摆动与形成图案之间更多的秘密。

在第四环节的设计中，教师尝试让幼儿运用自己探究的方法来制作图案。这是引导幼儿把方法运用到实际操作中的过程，同时也是引导幼儿变换角度进行思考，让幼儿从思考“沙摆的摆动与图案的形成有哪些关系”转向思考“怎样才能摆出固定的图案”。由于影响沙摆图案形成的因素有很多，不仅有方向、力度，还有沙摆中沙量、摆动弧度等多种因素，因此，尽管是以同一种图案为目标，但幼儿运用的方法各异，出现的图案也不尽相同，从而促使幼儿积极思考、灵活操作。在交流环节，教师可选择幼儿创作出的几种图案和所采用的方法进行对比和分析，进一步提高他们的科学思维水平。

有趣的沙漏

设计意图：

学会制作沙漏后，孩子们常常会一起比赛：谁的沙漏漏得速度快？沙子漏下来的速度到底和哪些因素相关呢？本次集体活动引导幼儿在制作的基础上，细致观察并探究孔的大小、多少与沙漏下来的速度之间的关系。通过提问“在玩沙漏的时候，你发现了什么秘密”，引发幼儿的实验兴趣，在实验过程中加入记录表的应用，帮助幼儿清晰直观地梳理自己操作过程中的发现。由于沙漏的漏沙速度还和沙子的粗细、干湿有关，在最后的操作环节中，教师尝试让幼儿寻找影响沙漏漏沙速度的其他因素，这对幼儿来说又是新的挑战。

活动目标：

1. 探究沙漏的漏沙速度与瓶口上孔的大小、多少的关系。
2. 提高动手操作能力和观察能力。

活动重难点：

1. 重点：愿意在实验操作中寻找问题的答案。
2. 难点：探究孔的大小、多少与沙漏下来的速度之间的关系。

活动准备：

1. 矿泉水瓶，饮料瓶。
2. 沙，漏斗，盘子。
3. 实验记录表，彩笔。

活动过程：

1. 沙漏小游戏。

- 出示幼儿自制的沙漏，通过提问，激发幼儿参与实验操作的兴趣。

——前几天我们都动手做了、玩了沙漏，你是怎么玩的？

——在玩沙漏的时候，你发现了什么秘密？

2. 沙漏小实验。

- 幼儿操作，观察沙漏的漏沙速度与孔的多少之间的关系。

——两人一组，选择不一样孔数的瓶盖都去试一试、玩一玩、比一比，把孔数用相应的数字标签贴在沙漏上。

● 幼儿操作，教师巡回指导。（引导幼儿关注沙漏的漏沙速度与孔的多少之间的关系。）

● 集中梳理。

——你用了几个孔的瓶盖？旁边的小朋友呢？沙漏下来的速度一样吗？把你的发现告诉大家。

——原来，孔数越多，沙就漏得越快。

——玩的时候，你还有什么问题吗？

3. 沙漏大探秘。

● 出示实验记录表，引导幼儿理解实验记录表的用途。

● 教师指导幼儿实验，提供孔大小不同的瓶盖，并提示幼儿要两人同时将瓶子倒过来。

● 幼儿再次操作，发现沙漏的漏沙速度与孔的大小之间的关系。

——幼儿记录实验结果。

——教师小结：孔的大小不同，沙漏的漏沙速度也不同。

4. 神奇的沙漏。

● 提供孔数、大小均相同的瓶盖，幼儿通过操作寻找影响沙漏漏沙速度的其他因素，并进行记录。（由于沙漏的漏沙速度还与很多其他因素相关，可根据幼儿的发现，灵活梳理。）

活动延伸：

1. 在幼儿了解了孔的大小、多少与沙漏的漏沙速度之间的关系后，还可以探究其他影响沙漏漏沙速度的相关因素。
2. 在日常活动中，如拍球、跳绳等，可以用沙漏作为计时工具。

教学反思：

本次活动沙漏实验环节设计了三次操作，每次操作需要引导幼儿观察的重点是递进的，第一次操作是引导幼儿探究观察沙漏的漏沙速度与孔的多少之间的关系，第二次操作是引导幼儿发现沙漏的漏沙速度与孔的大小之间的关系，第三次操作则是给予幼儿更多灵活观察的机会。通过三次动手操作，给幼儿铺设不同的台阶，帮助幼儿有目的地逐步探究沙漏漏沙速度与孔隙之间的关系。

一、活动准备

有网眼的工具，如小筐、网面弹力球拍、小漏斗、筛子等；粗细不同的沙若干。

二、操作方法

1. 将粗细不同的沙子放置于同一大盆中，提供小筐、网面弹力球拍、筛子、窗纱、纱布、扎有小孔的瓶子、纸盒等各种筛沙工具。

2. 幼儿选择自己认为能将细沙从粗沙中分离出的工具，进行筛取，然后将粗沙、细沙进行区分并分类摆放。鼓励幼儿选择不同的工具再次尝试实验并比较结果。

1

2

三、操作指导

1. 可以先引导幼儿利用沙的特性进行筛沙游戏，如根据沙的颗粒大小等特性进行分类。

2. 活动中，教师应仔细观察幼儿的表现，鼓励幼儿尝试用不同的工具来进行筛沙实验，通过多种材料的操作，观察比较各种工具的区别，感知沙的特征。

3. 活动中使用的沙要有较明显的粗细之分，且不能太湿，便于幼儿操作。

多变沙箱

一、活动准备

带有灯光的沙箱，各种颜色的彩沙。

二、操作方法

1. 在走廊上放置带有灯光的沙箱和各色彩沙，让幼儿自由操作，感知沙的可变性。

2. 结合沙的流动性、可塑性等特点，运用艺术的方式来进行表现和创作。在作画过程中要注意观察彩沙的变化。

三、操作指导

1. 在幼儿游戏时，教师要多与幼儿交流，可用语言引导幼儿说出自己的想法和感受，鼓励幼儿分享自己的作品。

2. 引导幼儿进行合作作画，观察彩沙在灯光中的变化，还可以利用沙箱进行有故事情节的创意表演。

大班 · 单元二

水，我们的朋友

游戏活动：小水车
发现水量大小与水车转速之间的关系。

游戏活动：沉浮小实验
观察并改变物体在水中的沉浮状态。

区域活动：污水过滤实验
区分污水和清水，学习污水过滤的方法。

区域活动：睡莲花开
感知不同纸的吸水性的差异。

集体教学活动：泡泡水小实验
尝试用不同的材料制作泡泡水。

游戏活动：自制喷泉
感知水、空气与物体状态变化之间的关系。

区域活动：割泡泡
探索发现泥工板切入角度与能否割出泡泡之间的关系。

游戏活动：潜水艇
探索潜水艇的沉浮与哪些因素有关。

单元说明

“水，我们的朋友”单元活动将引导孩子感受水的流动性、物体在水中的状态；感知水、空气与物体状态变化之间的关系。本单元以游戏活动、区域活动和集体教学相互穿插的模式进行，教师可以根据班级孩子的已有经验和实际需求安排活动顺序，如可先开展游戏活动“小水车”“沉浮小实验”“污水过滤实验”，让孩子们感受水是流动的、透明的及水的作用力对物体的影响等；集体教学活动“泡泡水小实验”可以放在主题的中后期，让孩子们在操作中与材料充分互动，探索制作泡泡水的材料与方法；最后，通过“割泡泡”“潜水艇”和“自制喷泉”等游戏，让孩子们在探究中感知水、空气与物体状态变化间的关系，并大胆表达和交流自己的想法。

游戏活动 沉浮小实验

一、游戏价值

“哪些物体会浮起来？哪些会沉下去？为什么小瓶子里没有水，瓶子就会浮在水面上，但装上水后瓶子又会沉到水里了呢？你能让沉下去的物体浮上来，让浮上来的物体沉下去吗？在沉浮游戏中，孩子们将在操作中感知、观察、比较、发现物体的沉浮现象，并尝试运用辅助材料来改变物体的沉浮状态，进一步发现沉浮的秘密，体验沉浮游戏带来的乐趣。

二、游戏准备

1. 玻璃珠，塑料珠，小积木，石头，橡皮泥，可打开的塑料透明球。

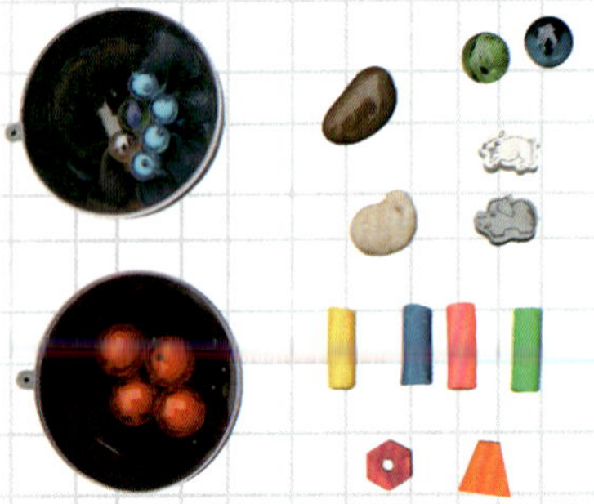

2. 记录表，笔，装有半盆水的脸盆，擦手毛巾，标有沉和浮的筐等。

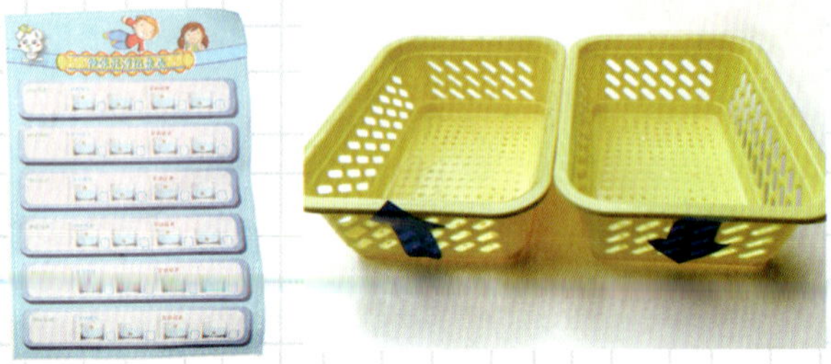

三、游戏玩法

1. 幼儿在进行沉浮实验游戏时，先提供各种不同质地的材料，如螺母、乒乓球、布、积木等，将材料一个一个地放入水中，并观察记录每个物品的沉浮状态。最后，将物品按沉浮的状态放到相应的筐里进行分类。

将材料逐个放入水中，观察物体的沉浮状态并作记录

2. 在了解物体沉浮状态的基础上，鼓励幼儿进行沉浮改变游戏，可在沉浮实验游戏的基础上增加橡皮泥、一次性塑料碗，引导幼儿尝试改变物体的形态或将多种物体进行组合，如改变橡皮泥的形状，让橡皮泥浮在水面上；将螺母放到一次性塑料碗中，让螺

母浮起来。使浮上来的物体沉下去、沉下去的物体浮上来，并请幼儿尝试记录自己的观察发现。

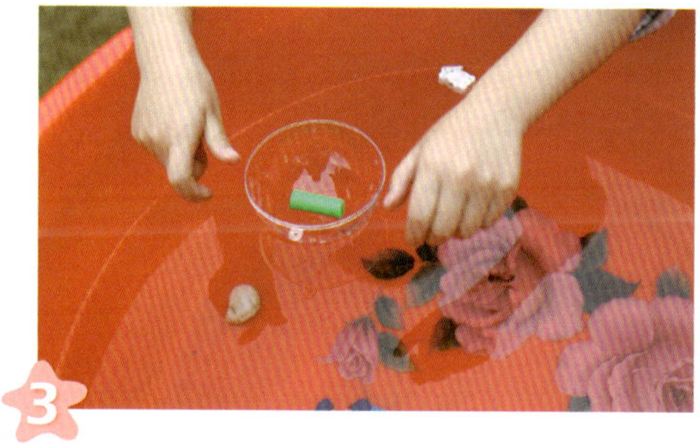

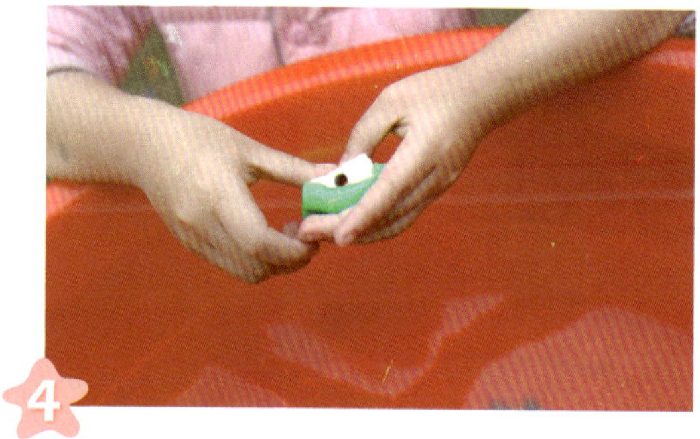

将物体放在塑料碗里或者包裹上橡皮泥，以此改变它的沉浮状态

将橡皮泥捏成小碗状，通过形状的改变来改变沉浮状态

四、游戏指导

1. 幼儿进行沉浮实验游戏时，可先引导幼儿进行猜想哪些物品是浮起来的，哪些物品是沉下去的。猜想结束后，再进行实验并用简单的图示（浮“↑”、沉“↓”）记录结果，并将物品分别放入标有沉和浮标记的两个筐内。

2. 幼儿进行沉浮改变游戏时，可先请幼儿进行沉浮实验。随后，再进行沉浮改变游戏，并可提出“你有什么发现”“你用了哪些材料”“有什么方法可以让物品浮起来或沉下去”等问题，引发幼儿思考、探索，还可以引导幼儿运用自己喜欢的符号或绘画方式进行记录。

五、游戏建议

1. 鼓励幼儿大胆从生活中寻找更多的材料进行游戏，如塑料瓶、塑料玩具等，并引导幼儿相互交流游戏经验。

2. 在游戏中可给幼儿穿上防水的衣服，提醒他们挽起衣袖，避免弄湿衣服。

潜水艇

一、游戏价值

为什么潜水艇可以在水底潜行？潜水艇是怎样在水里一会上一会下的？对于潜水艇，孩子们觉得既神奇又有趣。那么，就让我们一起来玩一玩潜水艇游戏吧！游戏中，孩子们用生活中常见的塑料瓶、吸管、螺母制作潜水艇，在做一做、玩一玩的过程中，观察潜水艇的沉浮现象，并了解空气、水与沉浮的关系，从而萌发科学探究的兴趣。

二、游戏准备

1. 塑料瓶，钻好孔的塑料瓶盖，吸管，螺母，泡沫胶，透明胶带。

2. 水和装有水的整理箱。

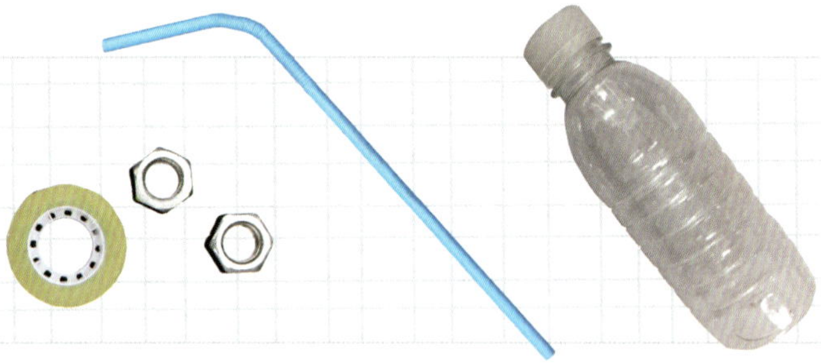

三、游戏玩法

1. 幼儿用胶带将螺母固定在瓶身一侧的两处，使两处螺母呈直线排列。将吸管穿入瓶盖并将盖子固定在瓶身上，此时要保证一半吸管在瓶内、一半吸管在瓶子外面，“潜水艇”就做好了。

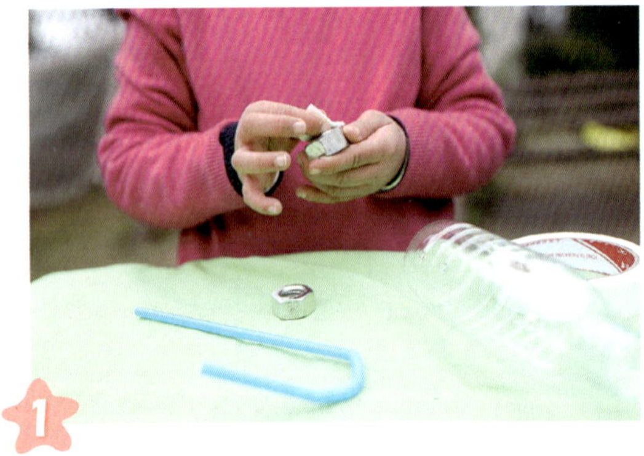

在螺母上粘上泡沫胶并粘贴到塑料瓶身上

用透明胶带缠绕并固定螺母

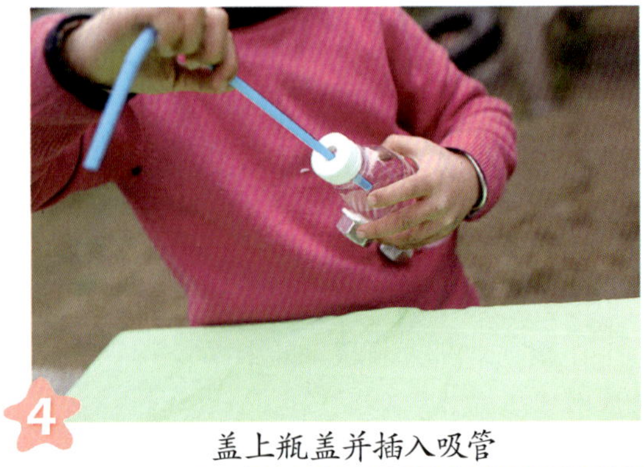

盖上瓶盖并插入吸管

2. 打开瓶盖，连同吸管一同取出，将瓶子灌满水后，再将带有吸管的瓶盖拧紧，保证吸管一半留在外面。轻轻地将潜水艇放入水中并沉入水底，同时拿住吸管外露的一端，对着吸管吹气，排出瓶中的水后，潜水艇就会慢慢上浮。

5 将瓶子灌满水

6 盖上瓶盖插入吸管制成潜水艇

7 对准吸管向瓶内吹气

四、游戏指导

1. 在制作潜水艇的过程中，可以引导幼儿先用泡沫胶将螺母固定在瓶身上，再用胶带加以固定。制作的过程中，也可以引导幼儿两两合作。

2. 在游戏中，引导幼儿观察潜水艇下沉的情况，通过提问"你的潜水艇潜沉到水底了吗，为什么""你的潜水艇为什么没沉下去，和别人的一样吗"，引发幼儿关注螺母的数量、重量及两处螺母的间距与位置对潜水艇的影响，并引导幼儿做相应调整。

3. 游戏中，应引导幼儿仔细观察，可以通过提问"你的潜水艇浮起来了吗，你发现了什么""为什么潜水艇会浮上来"，引导幼儿关注潜水艇上浮的现象，关注空气、水与沉浮的关系，引导幼儿初步了解潜水艇的沉浮原理。

8 观察潜水艇慢慢上浮

五、游戏建议

1. 塑料瓶盖上孔的直径要较大于吸管的直径，以便于排出水。
2. 游戏中建议使用可以弯曲的吸管，便于幼儿操作。
3. 可以提供不溶于水的颜料或不干胶等材料供幼儿装饰潜水艇。

小水车

一、游戏价值

你见过水车吗？水车可以成为孩子们的玩具吗？“小水车”游戏为孩子们提供相应的材料，让他们自己动手做一架小水车并玩一玩。通过制作和游戏，探索发现水量大小及水位高低与水车转速之间的关系，探究水车的小秘密，体验动手操作的乐趣和玩水的快乐。

二、游戏准备

1. 木头段：中心镂空可插入小木棒，上面有插小叶片的槽。

2. 小叶片：与木头段等宽的薄木片。

3. 直径略小于木头段中心孔的小木棒，装满水的塑料瓶，小脸盆，毛巾等。

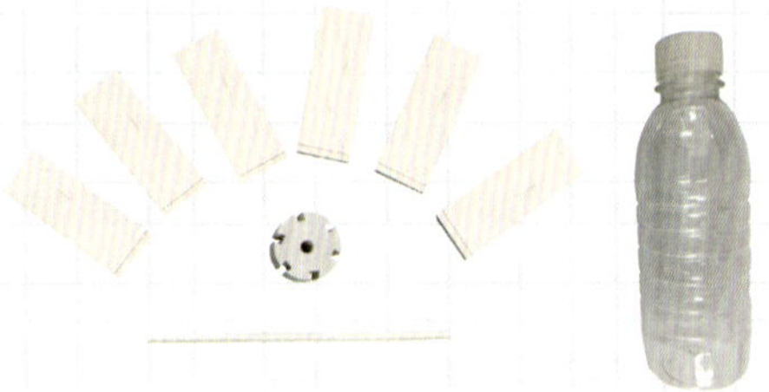

三、游戏玩法

幼儿先将小叶片均匀地插入木头段的周围。然后，将小木棒插入木头段中心孔，用手转动木头段，使它能在小木棒上灵活转动。接着，将瓶子灌满水。最后，一手拿着水车，一手拿着装满水的瓶子。举起瓶子向水车倒水，让水流冲击小水车的叶轮，小水车就转起来了。

1 将叶片插入木头段的周围

2 小木棒穿入木头段中心孔

3 轻轻转动叶片让水车转起来

4 用装满水的瓶子对准叶片冲水，使水车转动

四、游戏指导

1. 游戏时，可能有些幼儿的小水车转动不够灵活。教师可以引导幼儿将小木棒插入木头段，将木头段转动几下，使木头段能在小木棒上灵活转动。

2. 为了方便操作，可以寻找一个小脸盆作为支架来架起水车。架水车用的小脸盆的直径要小于小木棒的长度，以保证小木棒能架在脸盆上。

3. 幼儿玩水车时，教师可以引导幼儿从不同的高度向水车倒水，让幼儿观察水柱的高低与水车转速的关系；同时，可鼓励幼儿将瓶子从不同的倾斜角度向水车倒水，引导幼儿观察发现水量大小与水车转速的关系。

4. 鼓励幼儿和同伴合作游戏，探索让水车转得快的方法，感知水的流动性。

五、游戏建议

1. 活动中的木头段可以用黄瓜或萝卜替代，木制小叶片也可以从塑料瓶或其他物品上找到替代物。教师提供的叶片边缘要光滑，避免幼儿在活动中皮肤被划破。

2. 架水车的小脸盆，可以用开口较大但直径小于小木棒的塑料罐或密封罐代替，可以在罐子最大直径的两端挖两个凹槽，让水车固定在罐子上，更便于幼儿游戏和观察。

3. 引导幼儿和家长一起观察生活中的水车，并收集有关水车的图片、资料与同伴交流和分享。

游戏活动 4 自制喷泉

一、游戏价值

广场上大大小小的喷泉，总能吸引孩子们的眼球，每当他们看到喷泉便会情不自禁地上前嬉戏……为什么水会喷出来呀？怎么喷泉都不一样呢？孩子们总有这样或那样的疑问，因此，我们设计了自制喷泉的游戏。游戏中孩子们将感受空气流动与喷泉现象消失、出现之间的关系并探索瓶身上下不同高低的孔对喷泉的影响，在亲身操作中体验游戏的乐趣。

二、游戏准备

1. 塑料瓶两个：一个在瓶子下端三分之一处戳若干小洞，另一个未戳洞；水。

2. 各种颜料，彩色安全钉若干。

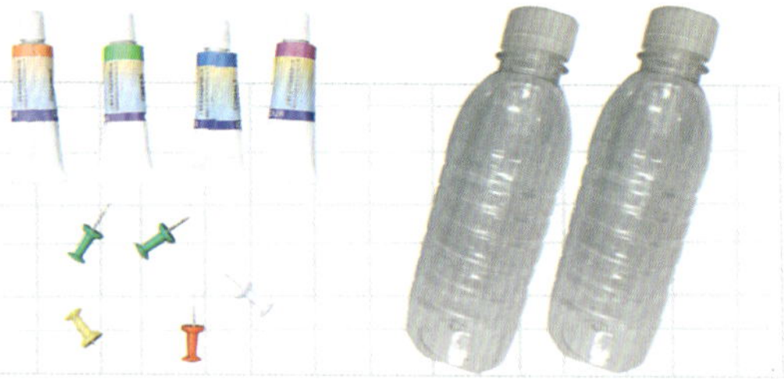

三、游戏玩法

1. 幼儿向戳好洞的矿泉水瓶里装水，发现水从小洞中喷出，变成了喷泉。盖上瓶盖后，喷泉立刻消失；打开瓶盖，喷泉又会出现。

将戳好洞的瓶子灌满水后拿出水面并观察

将喷水的瓶子盖上瓶盖并观察

2. 请幼儿在矿泉水瓶身上戳洞，制作喷泉。还可以将颜料放入水中或瓶盖上，制作五彩喷泉。

5 用安全钉在瓶子靠下方的三分之一处戳洞

6 在瓶盖上挤一点颜料

7 轻轻晃动瓶子制作颜料水

8 打开瓶盖观察彩色喷泉

四、游戏指导

1. 游戏中，教师可以用问题“你的喷泉制作成功了吗”“喷出的水花是怎样的”来引导幼儿观察喷泉出现时水花的样子。也可以引导幼儿用力挤压、旋转瓶子，并以问题“水花的样子变了吗”“有什么变化”“你用了什么方法”来引导幼儿观察、发现水花的不同变化。

2. 幼儿戳洞的时候，应允许他们自由探索，可在瓶子的任意地方戳洞，然后观察喷泉的现象，看一看不同位置的“洞”所产生的喷泉现象有什么不同。并请幼儿将自己制作的喷泉和教师提供的喷泉进行比较，看一看这两个喷泉之间有什么不同，进一步感知洞的位置与喷出水花之间的关系。

五、游戏建议

1. 可以提供粗细不同的铁钉或螺丝钉等让幼儿自制喷泉，感知洞的大小与喷泉喷射的水柱粗细之间的关系。

2. 游戏时，教师应提醒幼儿在使用钉子等工具时要注意安全。

泡泡水小实验

设计意图:

吹泡泡是每个孩子都玩过的小游戏，但是泡泡水到底是怎么做出来的呢？伴随着这个问题，教师引导孩子们选择调制泡泡水的材料，调制不同浓度的泡泡水。在进行泡泡水小实验的过程中，孩子们自主选择容器和材料、确定搅拌方法、控制材料比例，通过一次次实验和验证，调制出能吹出好看的泡泡的泡泡水。在此过程中，孩子们不断猜想、尝试、探究、记录、比较、发现，既提高了动手操作能力，又体验了做泡泡水的乐趣。

活动目标:

1. 尝试用不同的材料制作泡泡水。
2. 能根据自己的猜想有目的地进行验证，体验成功的快乐。

活动重难点:

1. 重点：选择不同的材料和容器调制泡泡水。
2. 难点：能按一定比例调制泡泡水。

活动准备:

1. 水，量杯，胶水、洗洁精、醋，金属包装线，吸管。
2. 自制吹泡器、一次性杯子若干。
3. 记录表、笔。

活动过程:

1. 泡泡水大猜想。

- 猜想泡泡水的制作材料。

——泡泡水是用什么材料做的？（教师根据幼儿回答记录。）

- 认识各种材料。

——什么样的泡泡水才能吹出很大的泡泡？它需要哪些材料？

——量杯怎么用？（教师边说边出示各种制作泡泡水的材料。）

- 出示大记录表，幼儿猜想，教师示范记录。

——你想用什么材料来做泡泡水？（幼儿讲述自己的想法，教师边示范边讲解记录方法。）

2. 做一做泡泡水。

● 引导幼儿边操作边记录。

——你用了哪些材料？成功了吗？别忘了记录在表格上哦！（鼓励幼儿用不同的材料制作泡泡水，以进行对比实验。）

——其他材料能制作成功吗？请你也去试试！

——你做了几种泡泡水?都成功了吗？它们吹出来的泡泡一样吗？

● 集体交流总结。

——你做的泡泡水成功了吗？你用了哪些材料？每种材料分别用了多少？

——为什么你们用了同样的材料，他成功地做出了泡泡水但你却没有成功？

——你有什么发现？

3. 玩一玩泡泡水。

● 幼儿分享自制泡泡水，吹泡泡。

——我们做了那么多泡泡水，让我们一起来玩吹泡泡的游戏吧！

活动延伸:

1. 在区角中投放纸芯筒、毛巾、橡皮筋、绒棒等材料，供幼儿自制吹泡器，感受不同吹泡器吹出泡泡的状态是不同的。如将毛巾裹在纸芯上将吹出一串细细长长的泡泡柱。
2. 提供醋、甘油等材料，供幼儿继续调制泡泡水，进一步感知不同材料、不同比例调制出的泡泡水不同。

教学反思:

创设宽松自主的操作环境。在调配泡泡水的过程中，教师应该创设较宽松、自主的氛围，给幼儿充足的时间去探索，引导幼儿发现不同材料调制的泡泡水以及同一种材料量的多少对吹出的泡泡都有影响。同时，泡泡水调得太稀或太稠泡泡器上都不能形成一层“薄膜”，都是吹不出泡泡的。

记录表的提供可以帮助幼儿记录操作时所需材料并能帮助幼儿进行梳理，对比分析成功或失败的原因。

在操作中，教师可以引导幼儿控制一些变量，如用相同材料不同量调制泡泡水，或者用相同量不同材料调制泡泡水等，以便于幼儿进行比较。

割泡泡

一、活动准备

1. 呈直筒状的粗细不同的牛奶罐或塑料瓶（去掉顶部和底部）。

2. 调制好的泡泡水，泥工板。

二、操作方法

1. 幼儿手拿塑料瓶身，先用一头对准泡泡水压下去，再换另一头往下压到泡泡水中，循环往复，直至瓶口压出泡泡。

2. 用泥工板和瓶口齐平，轻轻地将泡泡割在泥工板上。

3. 幼儿两两游戏，比一比谁割的泡泡多。

1

2

三、操作指导

1. 游戏中，鼓励幼儿多压几次瓶子，直至压出泡泡为止。

2. 幼儿压泡泡时，鼓励幼儿利用不同粗细的塑料瓶，比较瓶身粗细与泡泡大小之间的关系。

3. 幼儿割泡泡时，可引导幼儿关注泥工板与瓶身口的切入角度，鼓励幼儿尝试从不同的角度割泡泡，引导幼儿发现泥工板切入角度与割出泡泡之间的关系。

一、活动准备

1. 提供不同的纸张：打印纸、牛皮纸、电光纸、蜡光纸、餐巾纸、卡纸等。
2. 装有水的大脸盆，毛巾。

二、操作方法

幼儿选择不同的纸张，分别折叠成睡莲花状，同时放到水面上进行观察，并记录哪种纸做的睡莲花先“开花”。

引导幼儿思考和交流不同材质的睡莲花“开花”时间差异的原因。

三、操作指导

1. 在活动前可进行折叠睡莲花的手工活动，或者在区域中投放睡莲花折纸示意图，引导幼儿自由折叠。

2. 在游戏中，可以引导幼儿先进行两种纸张的对比实验。待幼儿熟悉玩法后，可以邀请同伴一起进行游戏。

3. 游戏中，鼓励幼儿耐心等待，仔细观察睡莲开花的过程，从而发现“开花”时纸张的吸水现象。

污水过滤实验

一、活动准备

1. 污水（泥土混合水或其他）。

2. 空瓶子，毛巾、纱布、海绵、餐巾纸若干。

二、操作方法

1. 幼儿选择一瓶污水，自主选用过滤材料，并进行过滤实验。

2. 观察过滤结果，并进行记录，与同伴交流实验的结果。

三、操作指导

1. 活动可以以任务驱动的方式进行，从而激发幼儿的活动兴趣。

2. 游戏中，可以通过“你的污水变干净了吗”“你用了哪些材料”“你觉得哪种材料最有用”“你有什么发现”等提问，帮助幼儿梳理每一种材料对于污水过滤的作用。

3. 鼓励幼儿及时记录实验过程，引导幼儿养成准确记录的习惯。

大班 · 单元三
光与影

区域活动：户外影子游戏

发现影子的存在，初步感知影子的特点与变化。

集体教学活动：影子是我的好朋友

探究光源位置与影子之间的关系。

区域活动：光影小剧场

综合运用各种光影游戏经验进行故事表演。

游戏活动：灯光设计师

探索不同材料的组合所形成的影子颜色和形状的变化。

游戏活动：影子的眼睛

发现光源、遮挡物和影子三者之间的关系。

区域活动：会变形的玩具

探究影子大小变化的原因，体验影子变化带来的奇妙感受。

游戏活动：黑夜舞会

尝试移动光源位置，让影子动起来。

游戏活动：皮影戏

欣赏皮影戏剧的艺术效果。

单元说明

“光与影”单元活动着眼于人们日常生活中最常见、最熟悉的光和影子，结合幼儿园的专用教室及户外场地，让孩子们通过亲身探究，自主构建并不断拓展关于“光与影”的经验。通过“黑夜舞会”“皮影戏”等系列游戏，可以让孩子感受光影现象的奇妙，并积极探索影子形成的原因；“灯光设计师”“放电影”“皮影戏”等活动可以让孩子了解影子的特点（如光的通透性、镜面折射等），以及光源与物体之间的距离与影子形成的关系，并利用各种不同的材料创造性地“玩”影子。最后，通过游戏活动和区域活动的配合开展，拓宽孩子的思路，引导孩子对身边常见事物的特点感兴趣，让孩子们的观察力、想象力和动手能力得以提高。

游戏活动 黑夜舞会

一、游戏价值

兔子能在纸上跳舞吗？孩子们对影子游戏充满好奇。一张纸、一只兔子和一个手电筒，不仅能让孩子们感知影子与光源之间的关系，还能让他们在游戏中逐步理解影子跳舞的动作与手电筒转动方式是密切相关的。

二、游戏准备

1. 用彩色纸剪好的动物造型，白纸。
2. 手电筒，固体胶，光线较暗的场地。

三、游戏玩法

1. 布置黑夜舞会。请幼儿将小动物（如小兔子）的四肢折起，并用固体胶将小动物身体的某一个部位粘在白纸上。

将小兔子的四肢折起，并将其身体的某一个部位粘贴在白纸上

2. 参加黑夜舞会。幼儿两两合作，其中一人把白纸没有粘兔子的一面对着自己，另一人用手电筒照贴有小兔子的那一面，晃动手电筒使兔子“跳舞”。

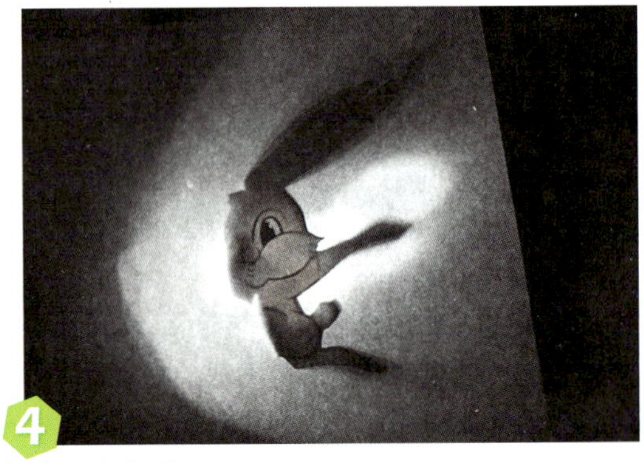

从不同位置用手电筒照小兔子

四、游戏指导

1. 游戏开始前，教师通过“你看小兔子在干什么”“你觉得小兔子为什么会跳舞呢”等问题，引导和鼓励幼儿大胆想象兔子“跳舞”的原因。

2. 游戏中，教师同时展示会“跳舞”和不会“跳舞”的兔子，通过“你发现两只小兔子有什么不一样呢，为什么一只兔子能跳舞，一只不能跳舞呢”的提问，帮助幼儿发现兔子跳舞的秘密（当兔子的头、尾巴和腿没有粘在白纸上时，小兔子就会“跳舞”）。

3. 当部分幼儿出现把兔子身体全部粘牢而不能使之“跳舞”的情况时，教师可以请幼儿之间互相讨论，学习他人的成功经验。

4. 教师还可以通过“你的兔子会跳哪些动作”等问题引导幼儿表演、讨论影子的变化，并帮助幼儿进一步获得有关“光和影”的感性经验。

五、游戏建议

1. 游戏中可提供其他的动物图案，如小猫、小狗等，请幼儿去探索这些动物的哪些部分可以舞动，然后组织“黑夜舞会”，让这些小动物跟随音乐一起“跳舞”。

2. 游戏中可以引导幼儿进行讨论，如“为什么兔子一会儿往左跳舞，一会儿往右跳舞”“你的兔子可以上下跳舞吗”，让幼儿之间互相交流经验，共同发现影子和手电筒之间的位置关系。

影子的眼睛

一、游戏价值

影子有眼睛吗？对此，孩子们的回答千奇百怪，众说纷纭。在本游戏中，幼儿将通过对比实验的方法，为小兔子的影子寻找“眼睛”，在实验中慢慢地发现光源、遮挡物和影子三者之间的关系。

二、游戏准备

1. 兔子头饰，彩纸。

2. 记号笔，固体胶，手电筒，剪刀，光线较暗的场所。

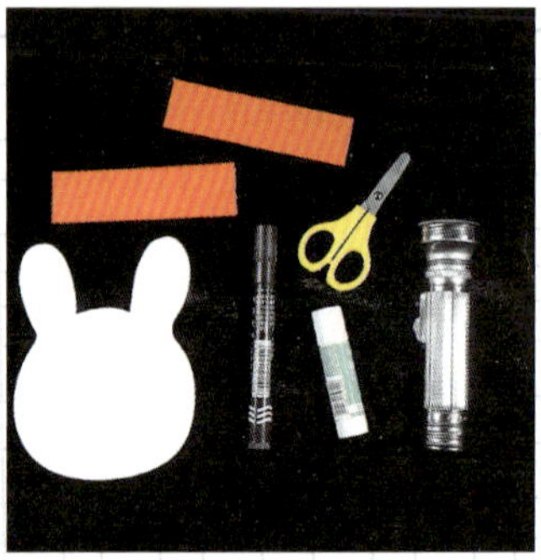

三、游戏玩法

1. 照照眼睛。幼儿用手电筒照一照兔子头饰，看看兔子的影子上会不会出现眼睛。

2. 找找眼睛。请幼儿大胆猜测怎样才能使兔子的影子也有眼睛，并进行验证。如在兔子头饰上画一画、贴一贴、剪一剪眼睛等，看看哪一种方法可以使兔子的影子也有眼睛。

1 给小兔子画上眼睛

2 用手电筒照一照

3 给小兔子贴上眼睛

4 用手电筒照一照

5 给小兔子剪出眼睛

6 用手电筒照一照

四、游戏指导

（一）照照眼睛

1. 游戏开始前，教师可出示有眼睛的兔子影子图片和没眼睛的兔子影子图片，引发幼儿对两种影子进行比较，如“请你猜一猜为什么有的兔子影子上有眼睛，有的兔子影子上没有眼睛呢”。

2. 游戏中，可以引导幼儿拿着兔子图片玩一玩，看看是否会出现眼睛。

（二）找找眼睛

1. 游戏中幼儿验证影子眼睛的环节，教师应予以鼓励和肯定，贴眼睛、画眼睛等猜想也是探究的一部分。

2. 部分幼儿可能会出现找不到兔子眼睛的情况，教师可引导他们观察其他试验成功的幼儿，并尝试通过“你的兔子和别人的兔子哪里不一样呢”等提问，引导幼儿探索使兔子影子出现眼睛的方法。

3. 游戏中，在幼儿剪出小兔子眼睛的环节，教师可通过“小动物的眼睛都一样大吗？为什么”“是不是洞剪得大，眼睛就大；洞剪得小，眼睛就小呢”等提问，引导幼儿探索洞的大小与眼睛大小之间的关系。

五、游戏建议

游戏后期可提供其他小动物，如小熊、老虎等，请幼儿镂空除了眼睛以外的其他五官部位，如鼻子、嘴巴、耳朵等，进行影子游戏。

游戏活动 灯光设计师

一、游戏价值

在“灯光设计师”游戏中，孩子们既可以观察光透过镂空玩具产生的影子形状变化，也可以观察光透过布、透明玻璃纸或绉纸形成的彩色光团及光团重叠的变化，还可以观察光透过不同透明度的物体时色彩的亮度变化。这些经验都能帮助他们有意识地观察、探索光影世界的奥秘，使每个孩子都成为小小“灯光设计师”。

二、游戏准备

1. 红、黄、蓝、绿等颜色的透明玻璃片，电光纸，彩纸，布，绉纸，各种镂空的卡片，橡皮筋。

2. 剪刀，手电筒，光线较暗的场所。

三、游戏玩法

1. 制造彩色灯光。幼儿选择自己喜欢的彩色透明玻璃纸、布或绉纸，盖在手电筒的镜面上，照射白墙，观察光透过透明玻璃纸、布或绉纸所形成的彩色光团及光团重叠的变化；用手电筒照各种镂空的玩具，观察影子产生的形状变化；用彩色玻璃片盖在手电筒的镜面上，观察光的颜色和亮度，再分别换上彩色绉纸和布，通过对比观察不同透明度的物品遮盖手电筒时，光的亮度产生的变化。

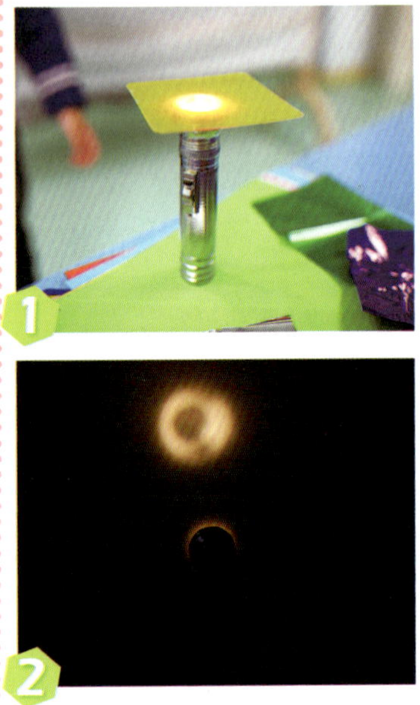

用彩色透明玻璃片进行实验

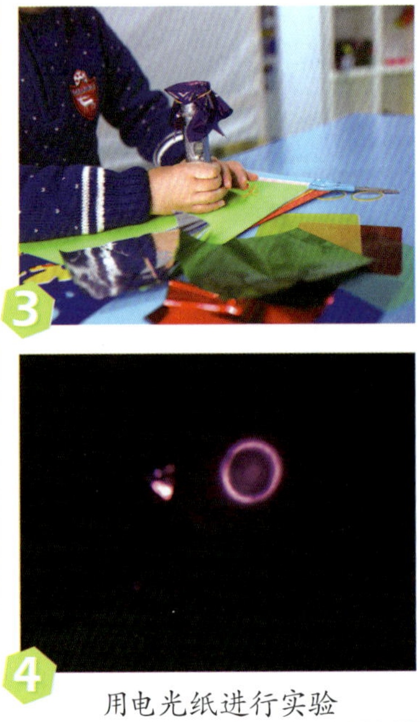

用电光纸进行实验

用彩色纸进行实验

用镂空玩具进行实验

2. 在光影世界游戏。游戏后期可以引导幼儿综合运用前期游戏经验，使用各种材料表现简单的情景或故事场景，如表演故事《三只蝴蝶》的情节。

四、游戏指导

（一）制造彩色灯光

1. 游戏中当幼儿出现遮挡物频繁掉落的情况时，教师可提醒幼儿用橡皮筋将电光纸、绉纸或布套在手电筒上，防止物品掉落。

2. 可以为幼儿提供疏密不同、形状不同的镂空玩具，以便他们更加形象地感知影子的形状变化。

3. 游戏中引导幼儿观察哪种纸能被光穿过，产生光团，也可以引导幼儿移动各自的彩色光团，让光团互相重叠，仔细观察光团重叠后发生的色彩变化，交流讨论各自的发现。

（二）在光影世界游戏

1. 部分幼儿可能会因为对彩色灯光感兴趣而乐此不疲地将各种材料堆在手电筒上，忘记了设计灯光的游戏任务。教师可耐心等待，先给幼儿自由探索的时间，等幼儿兴趣有所转移后，再引导他们回到游戏情景或任务中来。

2.在游戏后期可为幼儿提供故事如《三只蝴蝶》，引导幼儿以多人合作的方式制作故事中的形象，并进行表演。还可以引导幼儿根据故事情节设计对应的灯光，如三只蝴蝶开心快乐的时候可以使用暖色调的灯光，伤心难过的时候可以使用冷色调的灯光等，让幼儿有感情地表演。

五、游戏建议

幼儿重复游戏多次后，可以将本游戏和班级活动区相结合，如音乐区。幼儿在学习过打击乐的基础上，模仿舞台灯光师，制造出变化多端的灯光效果。全体幼儿则可跟着音乐的节奏，配合灯光效果进行创意舞蹈的表演。

游戏活动 皮影戏

一、游戏价值

皮影戏是中华民族传统文化中的瑰宝，集说、唱、演为一体，形式多样、生动活泼，并具有深厚的艺术内涵和文化价值。“皮影戏”活动的开展不仅可以帮助孩子们了解更多的民间艺术形式及其文化内涵，还可以将诸多光影游戏中积累的经验综合运用于本游戏，帮助孩子在整体感知“皮影戏”的艺术形态、体验制作和表演活动的过程中体验游戏的乐趣。

二、游戏准备

1. 卡纸，皮影卡片，按扣，小棍。

2. 手电筒，记号笔，剪刀，双面胶，光线较暗的活动室。

三、游戏玩法

1. 制作皮影。幼儿拿出皮影卡片，取下皮影卡片上的角色部分，用按扣将角色各部分固定连接后，将小棍固定在皮影上。

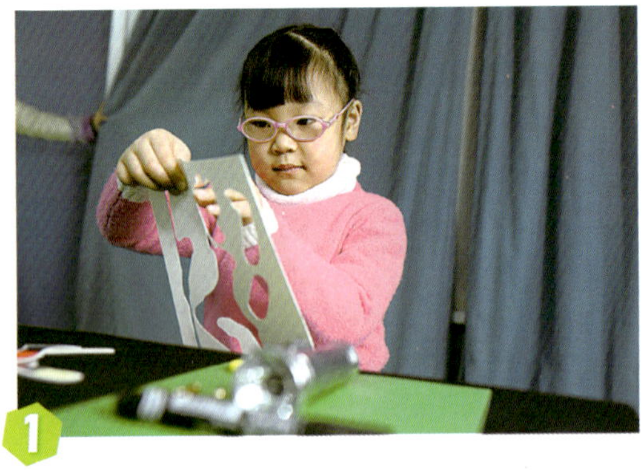

将角色部分取出，并用按扣连接

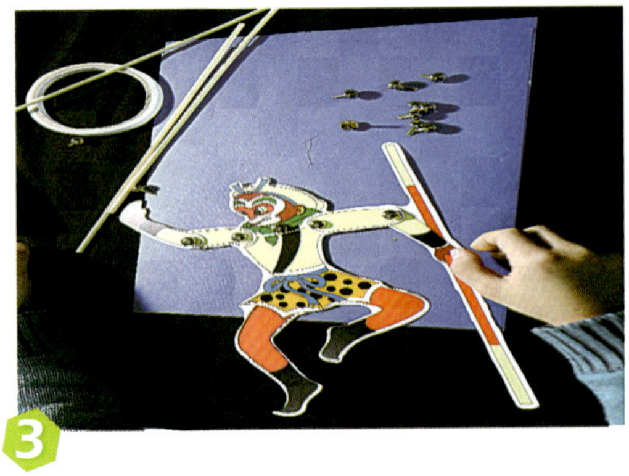

将小棍固定在皮影上，使皮影的关节能够活动

2. 玩转皮影。幼儿利用自制皮影和手电筒自由玩一玩。

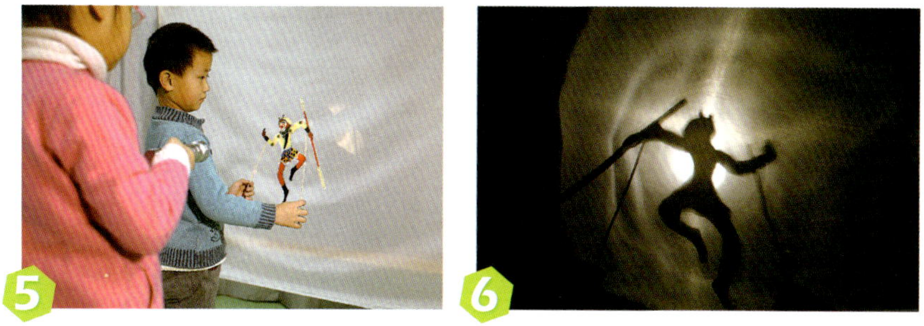

合作玩皮影

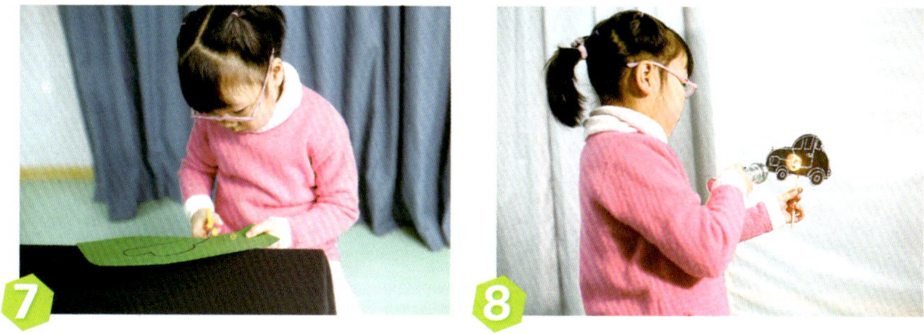

3. 设计皮影。幼儿选择与故事内容设计相关的形象，并尝试制作皮影。

根据故事内容设计并制作皮影

四、游戏指导

（一）制作皮影

1. 游戏前可与幼儿共同观看皮影制作过程（取皮→刮皮→浆皮→造型构图→镂刻→着色涂油）的相关图片或视频。

2. 在制作皮影时，提醒幼儿用按扣固定皮影人物关节时不宜太紧或太松，不然会使皮影的关节不能自由活动。

3. 材料包中的按扣因体积较小，使用时应提醒幼儿不要放入鼻孔、耳朵等部位，注意安全。

（二）玩转皮影

1. 游戏中可引导幼儿相互配合，并注意光源和皮影的位置，尝试团队合作进行有情节的皮影表演。

2. 多次游戏后，教师可引导幼儿根据故事情节设计相应的动作，如当孙悟空挥舞金箍棒时手部需要频繁移动，当孙悟空腾云驾雾时手部需要做出眺望前方的姿势等。

（三）设计皮影

1. 游戏后期可引导幼儿自己设计皮影。如老师和幼儿可共同欣赏歌曲《春天》，听一听歌曲里都唱了些什么（如杨柳、燕子、阳光等），并根据歌词内容设计相关形象，探究如何制作皮影。

2. 皮影制作完成后，幼儿可根据歌词内容分配角色，如谁扮演杨柳，谁扮演燕子等，根据歌词内容先后出示皮影，进行皮影表演。

五、游戏建议

游戏后期，还可以引导幼儿结合民间经典故事（如《孙悟空三打白骨精》）或者经典绘本（如《三只小猪》）等进行皮影表演。

影子是我的好朋友

设计意图:

孩子在本单元的各类游戏和区域活动中已经积累了不少关于光与影的感性经验，但对于影子形成的原因、光与影子之间的位置关系等仍无法用自己的语言表述清楚。于是，我们利用科学图画书《影子是我的好朋友》，设计了此科学操作活动，希望通过动手操作和绘本阅读相结合，孩子们可以运用多种方式记录自己对光与影的认识，进一步提升和巩固关于光与影位置关系的相关经验。

活动目标:

1. 观察画面，讨论并理解影子形成的原因。
2. 能运用操作材料，探究光源的位置和影子之间的关系，并用简单的方法进行记录。

活动重难点:

1. 重点：能运用操作材料，探究光源的位置和影子之间的关系。
2. 难点：两两合作完成光源提供和绘制影子的任务。

活动准备:

1. 光线较暗的场所。
2. 绘本《影子是我的好朋友》中部分图片制作的PPT课件。
3. 手电筒、人形纸片、白纸（上面定好4个点），四色水彩笔。

活动过程:

1. 看看影子。

● 在PPT中出示绘本的封面，引起幼儿兴趣。

——今天，老师带来一本关于影子的书，我们来看看这本书叫什么。在这本书的封面上，你看到了什么？他们为什么会有影子呢？

——小结：原来光照到小男孩、小女孩的身上时，他们把光挡住了，就出现了影子。

2. 猜猜影子。

● 出示绘本第12～13页小女孩部分，幼儿观察画面，猜测手电筒的位置，感知影子是如何形成的。

——晚上到了，小女孩又在用手电筒玩影子游戏了。你看，墙上出现了什么？她的影子是怎样的？你觉得出现这样的影子，手电筒应该在哪个位置呢？说说你的理由。

3. 画画影子。

●幼儿尝试操作材料照影子，探究影子产生的原因。

——光是从哪个点照过来的呢？让我们一起认识游戏材料，动手试试吧！（每张纸上都有一个小女孩，并有4个颜色不同的手电筒摆放的点。在手电筒的照射下，从不同的方向照一照，看看能照出什么样的影子，并用对应的水彩笔画出影子轮廓。）

4. 影子的秘密。

●师幼合作展示，验证影子和光源间的位置关系。

——你们发现了什么？你画的影子是怎么样的？这个影子的光是从小女孩的哪里照过来的？

——我们再来看看这幅图，你现在觉得手电筒在哪个点？为什么？（出示图片全部。）从这张图上，你看懂了什么？（隐含知识点：手电筒、遮挡物和影子三者处在同一直线上。）

●进一步探讨手电筒的位置与影子之间的关系，理解影子形成的原因。

——用手电筒照同一个物体，为什么看到的影子会不一样呢？（隐含知识点：影子的形状会随着手电筒的位置变化而变化。）

●教师小结。

——我们生活中还有哪些有趣的影子呢？这些舞台上的影子是怎么形成的呢？我们一起去科学发现室试试吧！

活动延伸：

1. 可设计不同的踩影子规则，继续玩影子的游戏。如：一人踩影子，被踩到影子后需蹲下缩小影子，只要踩到规定数量的影子就算胜利。
2. 引导幼儿在区域中继续阅读绘本，观察绘本画面，找一找绘本中还藏有什么秘密。

教学反思：

在之前的光影游戏中，幼儿系统地探究了光和影的关系，但是获得的经验比较零散。“影子是我的好朋友”活动帮助幼儿梳理光源的位置和影子间关系的经验，幼儿通过猜想、两两合作验证等方法，更加直观地理解了光源位置和影子间的关系。

在操作过程中，隐含了多个知识点，如：光源、遮挡物、影子三者处在同一条直线，影子会随着光源的位置变化而改变等，有一定的难度。当幼儿在操作和理解上遇到困难时，教师可以用更简明、更有针对性的问题来启发、帮助幼儿。

户外影子游戏

一、活动准备

粉笔、记录纸、笔、充足的光源、空地。

二、操作方法

1. 找影子。请幼儿想一想：在哪里有我们的影子？带幼儿到阳光下，观察自己和同伴的影子，说一说：地上的我们的影子和我们有什么不同？

2. 藏影子。请幼儿设法让自己的影子藏起来，并说说：怎样让自己的影子躲起来？试一试，影子能和我们的身体分开吗？

3. 画影子。幼儿可以两两合作，摆自己喜欢的造型，然后请同伴画下影子。积累游戏经验后，可以一名幼儿站在纸板边上，另一名幼儿在纸板上描画影子，教师裁去描画的影子部分，让幼儿玩钻洞的游戏。

4. 记录影子的变化。大班幼儿在一天中几个不同的时间段观察和记录影子。如上午9点、中午12点、下午3点这三个不同的时间段，在同一位置记录下同一物体的影子变化。

三、操作指导

1. 可以引导幼儿对幼儿园的影子进行大搜索，如大树的影子、楼房的影子、滑滑梯的影子、同伴的影子等。想一想怎么能让自己的影子消失，还可以玩一玩追影子、踩影子的游戏。

2. 画影子时，可以和幼儿一起讨论注意事项，如当模特的幼儿摆好姿势后要保持一段时间基本不动，而画画的幼儿要动作迅速，不然同伴容易疲劳而改变姿势。

3. 游戏适合在操场上或者便于观察和保存影子的地方进行。在“画影子”的活动中，教师可为幼儿的影子标上姓名和时间，鼓励幼儿相互观察和交流。

一、活动准备

手电筒、画片、塑封纸、黑卡纸、剪刀、双面胶、记号笔、吸管、彩色玻璃纸、彩色积木、亚克力片、白色幕布等。

二、操作方法

1. 幼儿自主选择故事内容，在塑封纸或黑卡纸上进行绘画，剪下来并粘在吸管上，制成表演的图片。

2. 使用制作好的图片，利用彩色积木、彩色玻璃纸、亚克力片等材料在白色幕布上进行故事表演。

三、操作指导

1. 引导幼儿利用皮影戏的制作方法与技能进行自制画片，并在制作过程中观察、比较不同材料制作的图片的异同，了解镂空画片与透明画片的差异。

2. 引导幼儿综合运用游戏和集体教学等不同活动中获得的光影经验，让故事表演得丰富、生动和有趣。

3. 剧场表演需要幼儿之间的合作，教师可引导或参与幼儿的协商和讨论。

会变形的玩具

一、活动准备

字母、动物或人物卡片，夹子，白卡纸和彩色水笔，猫、老鼠的玩具或剪影，手电筒，简单的故事录音。

二、操作方法

1. 幼儿选择字母、动物或人物卡片，用夹子夹住让其站立。

2. 用手电筒照出卡片的影子后，自由调整手电筒的位置，观察影子的变化。

3. 幼儿探索照出一个大大的老鼠影子和一个小小的猫影子的方法。

4. 可以两名幼儿合作，用变化的影子将故事表现出来，可以尝试表演老鼠变大后吓跑猫的故事情节。

三、操作指导

1. 引导幼儿进一步感知光源位置与影子大小的关系。

2. 幼儿可以通过看一看、说一说、玩一玩去发现光与影子的关系。

3. 幼儿结合故事进行合作表演的时候，注意影子要随着故事情节及时进行变化。

绘本资源链接

1. [韩] 朴正善. 影子是我的好朋友. 杭州：浙江教育出版社，2011.
2. [韩] 朴振英. 调皮的影子. 上海：上海人民美术出版社，2013.
3. [韩] 崔瑕僖. 谁的影子. 天津：天津人民美术出版社，2012.
4. [韩] 罗伯特·路易斯·史蒂文森. 我的小影子. 汕头：汕头大学出版社，2015.
5. [德] 米切尔·恩德. 奥菲利娅的影子剧院. 南昌：二十一世纪出版社，2008.
6. [比利时] 夏洛特·贝里埃. 欧莉安和她的影子. 武汉：长江少年儿童出版社，2015.
7. [美] 玛西娅·布朗. 影子. 海口：南海出版社，2012.
8. 金波. 影子人. 南京：江苏少年儿童出版社，2007.

大班 · 单元四

我和空气做游戏

游戏活动：充气玩具

制作空气玩具，感知空气的存在。

区域活动：舞动的蛇

制作舞动的小蛇，比较有风和无风时小蛇舞动的差异。

区域活动：会飞的气球

感知空气推动力的存在，体验空气游戏的乐趣。

游戏活动：气球车

进一步感受空气的推动力，并感知气球中气体的多少与小车行驶距离远近的关系。

区域活动：打靶

运用空气的特性，开展打靶游戏，尝试改变角度、距离进行打靶游戏。

游戏活动：小火箭上天

体验挤压空气产生的效果，探究小火箭上天的秘密。

游戏活动：小喷壶

了解压力大小与水柱远近的关系。

集体教学活动：气球逃走了

倾听故事，感知空气无处不在的特点，并了解气球大小与空气多少的关系。

单元说明

空气无处不在，但又看不见、摸不着。“我和空气做游戏”单元活动旨在引导孩子们感受空气和空气形态的关系，通过宽松的游戏活动和区域活动，初步感知空气的存在，体验空气的有趣和好玩。在孩子们对空气的特性有一定的了解之后，让他们玩一玩各种空气小游戏、小实验，感知、探索、发现空气的秘密，思考其背后的原理，并根据科学原理，利用各种材料制作“空气玩具”，通过做一做、玩一玩，感知空气的作用。最后，引导孩子们了解“空气”的其他形态，通过游戏活动和区域活动、集体教学活动的配合开展，体验并感知空气的各种特性。

游戏活动 充气玩具

一、游戏价值

孩子对气球、游泳圈等物品十分熟悉，但是往往只知道将空气吹进使其膨胀，却没有尝试过自己动手做一个这样的玩具。在“充气玩具”的游戏中，幼儿将通过自己动手来体验制作充气玩具，了解充气玩具制作的原理，同时在制作过程中感知空气的存在以及会占据一定空间的特性。

二、游戏准备

1. 彩色亮光纸，一次性手套或塑料袋，纸杯，饭盒，吸管。

2. 双面胶，剪刀。

三、游戏玩法

在一次性手套的套口外沿粘上双面胶，将手套固定在纸杯内壁上方，用彩色亮光纸装饰，制作成宝宝或各种小动物的形象。然后在纸杯杯底开一个吸管大小的洞，向吸管内吹气，隐藏的宝宝或小动物就变出来了。

1 把双面胶粘在手套口外沿

2 将手套粘在杯口的内侧

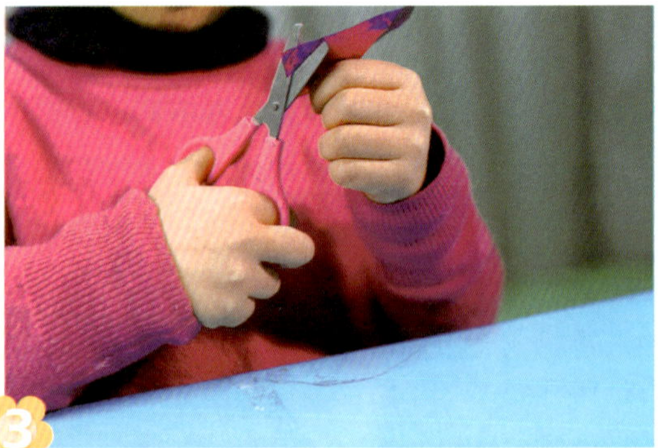

3 剪出眼睛、嘴巴等，粘在手套的相应位置

4 从底部插入吸管

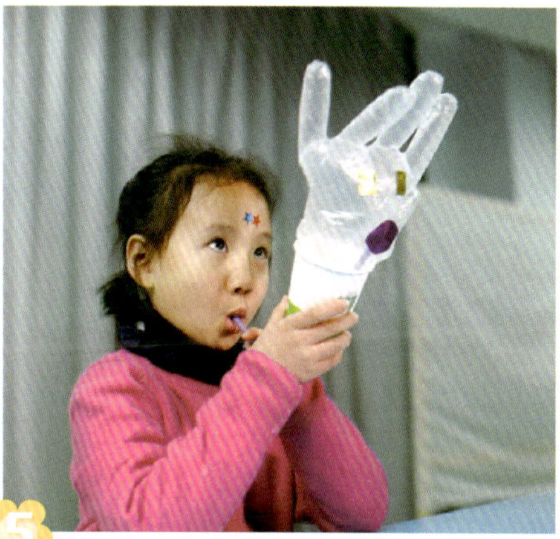

5 往里吹气，手套宝宝慢慢变“胖”了

四、游戏指导

1. 游戏开始前，可以和幼儿一起回忆日常生活中的充气玩具，了解制作充气玩具需要的材料和制作过程中的注意事项，帮助幼儿熟悉并进入游戏情境，引导幼儿选择自己喜欢的装饰材料，确定自己喜欢的充气玩具形象。

2. 游戏中，教师要提醒幼儿插吸管的洞口以及杯口处要密封好，当幼儿经过尝试仍然不能密封时，可通过示范演示来引导幼儿观察、比较并发现密封的方法。

3. 游戏中，即使是教师示范之后，有些幼儿可能还是无法做到密封，这时，可用“你的充气玩具发生了什么变化”“为什么你的充气娃娃瘦瘦的”等问题引导幼儿对“能充气的”和“不能充气的”玩具进行仔细观察和比较，发现充气玩具能充气的原因。

五、游戏建议

1. 可以运用同样的方法，制作“小兔宝宝”“会开花的树”等充气玩具。

2. 游戏之后，还可以请幼儿玩玩生活中的各种充气玩具，如充气锤、充气玩偶、游泳圈等，进一步感受空气的无处不在，了解充气的方法。

3. 游戏可根据需要进行必要的延伸和拓展。如可以提供幼儿人手一个塑料袋，进行装空气游戏（幼儿在操场上自由地装空气，装好之后将袋口扎紧，之后在口袋上扎一个洞，然后将洞口对着自己的脸，并用另一只手去挤压塑料袋）。通过“扎紧袋口后，口袋有什么变化”“洞口对着自己，脸上有什么感觉”等问题引导幼儿进一步感受空气的特性。

一、游戏价值

空气有力气吗？它的力气有多大？制作一辆气球车，让气球来帮助车子前进吧，而且气球车可以向前、后、左、右各个方向行驶呢。孩子们在制作“气球车”的过程中仔细观察、不断尝试，不仅能感受空气的“推力”，而且能了解气球中空气的多少与小车行驶距离之间的关系。

二、游戏准备

1. 可以折叠成小汽车的卡纸，汽车轴，汽车轮。

2. 气球若干，双面胶。

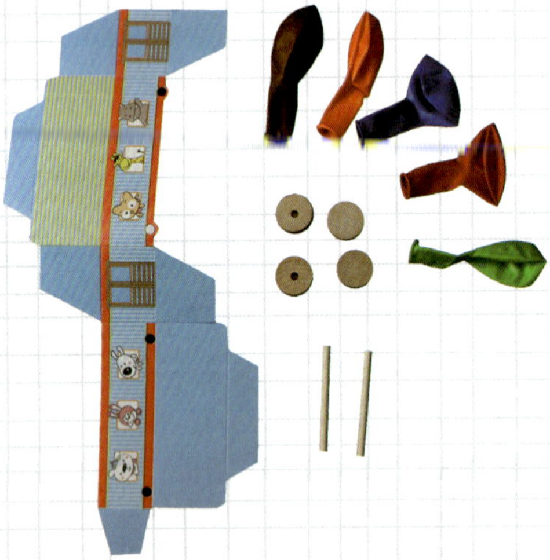

三、游戏玩法

将卡纸折叠成小汽车，然后将车轴和车轮组装上去，车子能开动即可。再用双面胶将气球粘在小车上，吹大气球，松开气球口子，车子就能开动起来了。

1 将卡纸折叠成立体小汽车

2 安装车轴和车轮

3 将气球粘在车子顶端

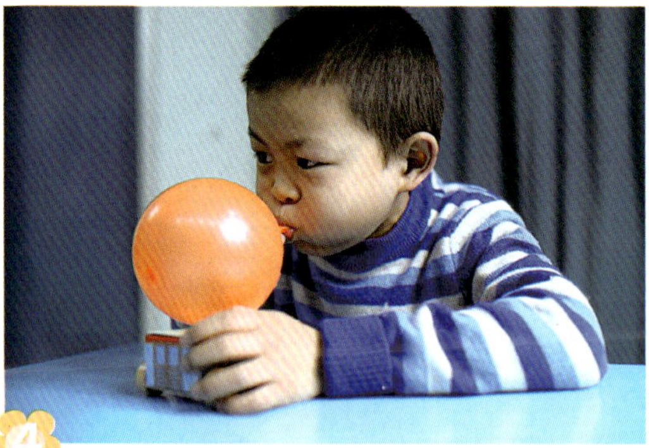
④ 用力吹气球

⑤ 手松开气球，车子就能前进了

四、游戏指导

1. 游戏前，可以和幼儿一起讨论如何开动车子，除了用手还可以用什么方式，激发幼儿操作的兴趣。

2. 游戏中，可引导幼儿将双面胶粘在不同位置，让车子往前、后、左、右等不同方向行驶，感受空气的推力作用，教师还可通过“你的车子只会往前开吗”“你的车子会转弯吗”等问题来引导幼儿观察、比较气球粘贴位置的不同对车子行驶方向的影响。

3. 游戏中，有些幼儿可能会因为车子开得慢而着急用手推车，这时可用“为什么有的车子开得慢”“有的车子开得快”等问题引导幼儿关注气球大小对行驶速度、距离的影响，还可以设立起跑线，让“小气球”和“大气球”进行比赛，引导幼儿进行观察和比较，思考空气“推力”的秘密。

五、游戏建议

1. 游戏完成之后，还可以和幼儿一起观看火箭上天的视频，请幼儿思考并交流火箭飞上天空的秘密，拓展幼儿对空气推动力的知识经验。

2. 可以提供不同类型的车子，如塑料小车、木头小车等，对游戏进行必要的延伸和拓展。

游戏活动　小火箭上天

一、游戏价值

火箭是怎么飞上天的呢？火箭的速度有多快？引导孩子们利用塑料瓶、吸管和彩色电光纸等生活中常见的材料，制作小火箭，不仅能使他们体验动手进行科学制作的乐趣，而且能感受空气压力促使物体快速飞出的场景。

二、游戏准备

1. 塑料瓶，打好洞的瓶盖，粗吸管，细吸管，电光纸，空气黏土。

2. 双面胶，剪刀。

三、游戏玩法

把空气黏土固定在瓶盖里，将细吸管插入有孔的瓶盖，再盖上瓶盖。将电光纸剪成流苏状长条，将流苏条用双面胶粘在粗吸管的一端，做成小火箭的样子。把做好的“小火箭”套在塑料瓶的细吸管上，用力挤压瓶身，小火箭就能飞上天了。

1 将空气黏土黏在瓶盖里面

2 把细吸管插入打好洞的瓶盖中

3 盖好瓶盖

4 将电光纸剪成流苏状长条

电光纸后面粘上双面胶

将电光纸粘在粗吸管上

将粗吸管套在细吸管上

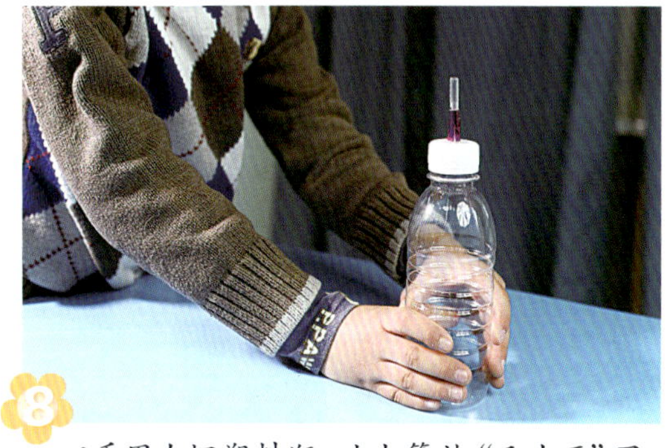

双手用力捏塑料瓶，小火箭就“飞上天”了

四、游戏指导

1. 游戏开始前，可先与幼儿讨论“你见过火箭上天吗”“为什么它会飞上天”等问题，丰富幼儿对火箭的相关经验，再出示自制的小火箭，提问“你觉得怎样才能把小火箭送上天呢”，激发幼儿的探索兴趣。

2. 游戏中，当幼儿无论怎样努力也不能使火箭“飞上天”时，可通过“为什么它不能飞上天呢”“瓶盖怎么了”等问题，引导幼儿探究“密封瓶盖的火箭”和“不密封瓶盖的火箭”的差异，并感知空气快速挤压冲出瓶口的力度，探究火箭“飞上天”的秘密。

3. 游戏中，有些火箭飞得高，有些火箭飞得低，教师可引导幼儿观察瓶身并作交流。（多次捏压之后，瓶子会发生变形，瓶内的压力逐渐变小，导致火箭越飞越低。）

五、游戏建议

1. 游戏准备时，吸管的粗细和瓶盖孔的大小一定要匹配，不可太大也不可太小。

2. 游戏可进行必要的延伸和拓展，如提供高度测量表，请幼儿比一比谁的火箭飞得最高。

游戏活动 小喷壶

一、游戏价值

用一个塑料瓶和两根吸管就可以变出一个好玩的小喷壶，想不想来试一试？喷壶怎么才能喷水？通过动手操作和观察，孩子们可以了解两根吸管的不同作用，感知在不同条件下喷壶喷水的场景，探究压力大小与喷出水柱远近的关系。

二、游戏准备

吸管，塑料瓶，打好孔的瓶盖。

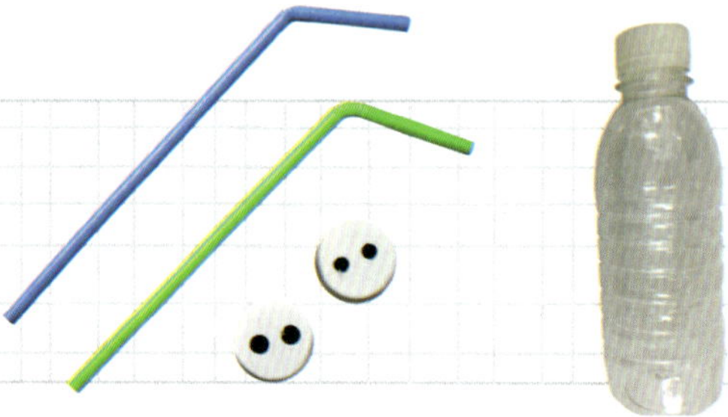

三、游戏玩法

在塑料瓶中装入半瓶水，然后盖上有孔的瓶盖，将两根吸管分别插入孔中，其中长吸管浸入水中，短吸管离水面有一定距离，用力往短吸管内吹气，喷水壶就会喷水了。

1 瓶中装入半瓶水

2 盖好瓶盖

3 将两根吸管分别插入小喷壶盖上的洞

4 吹短吸管，水从长吸管喷出

四、游戏指导

1. 游戏开始前，教师通过“你见过喷泉吗”“喷泉是怎么喷水的”等问题和孩子一起回忆日常生活中见过的喷泉，帮助幼儿进入游戏情境。

2. 游戏中，当幼儿无论怎样努力也不能使喷壶喷水时，教师可通过“试一试调整吸管哦”“哪根吸管是用来吹的，哪根吸管是出水的”等提示语，引导幼儿观察、比较并最终发现小喷壶喷水的秘密。

3. 游戏中，可鼓励幼儿进行多种探究，引导幼儿观察在什么状态下小喷壶的出水量最大，什么状态下出水量小（或不出水），并尝试用记录表记录探究的结果。

五、游戏建议

1. 可与饲养活动相结合，让幼儿用自己制作的小喷壶给植物角的小花小草浇水。

2. 游戏之后，可让幼儿根据记录表与同伴交流和分享自己的发现，养成良好的科学探究习惯。

气球逃走了

设计意图:

空气是孩子的好伙伴，它住在气球里、皮球里、空盒子里，它会和风车、肥皂泡一起做游戏……活动借由幼儿喜欢的、熟悉的气球为形象，帮助幼儿了解空气与气球之间的关系，揭示了气球的特点及其与空气的关系，为孩子们认识空气、了解空气做了铺垫。例如：空气打进气球，气球会越来越大，越来越轻；风会吹走气球；气球在空气中的状态是浮、飘、升等。

活动目标:

1. 倾听故事，感知空气的特点，并了解气球的大小与空气的多少的关系。
2. 喜欢探究，产生和空气一起做游戏的兴趣。

活动重难点:

1. 重点：感受气球慢慢变小的过程。
2. 难点：能用准确的语言表达气球的形态变化。

活动准备:

1. 幼儿有玩气球的经验。
2. 故事录音、充好气的气球若干。

活动过程:

1. 气球升上天。

● 教师讲述故事开头到“它们想飘到更高的天空上去”。

——卖气球的人为什么要牢牢地抓住红气球的绳子？（鼓励幼儿用故事里的语言来表述。）

——蓝气球、黄气球是怎么样变得越来越大，越来越轻的？（鼓励幼儿用自己的语言来表述，可以用动作辅助表达。）

2. 气球逃走了。

● 教师继续讲述故事至“卖气球的人急得哭起来”。

——卖气球的人打了个喷嚏，手松开气球就逃走了，踩高跷的人和荡秋千的杂技演员为什么都抓不住气球？（教师提出问题，引导幼儿猜测气球难抓住的原因——因为气球会往上飘升，所以抓不住。）

3. 气球去玩了。

● 教师继续讲述故事至结尾。

——气球想去玩，是谁带它们去的？（风儿带着气球去的。）

——气球跟着风儿，怎么样去到乡下和城市？（飘飘荡荡、摇摇摆摆地飞到乡下和城市。）

——气球到了幼儿园，停在哪里？他们为什么要把绳子垂下去？（浮在天花板下面，小朋友可以牵住气球去玩。）

● 幼儿完整地欣赏故事录音。

——气球为什么最后留在了幼儿园？（小朋友们最喜欢气球。）

● 教师出示气球实物并作小结。

——气球来到我们班，想和我们大家一起玩！

活动延伸：

教师可以带着幼儿到户外玩一玩气球的游戏，鼓励幼儿用自己喜欢的方法创意地玩气球。教师还可以把气球绑在教室的柱子上，过一段时间带领幼儿观察气球的大小变化，引导幼儿用语言和肢体动作来交流和表达自己的发现，或者用绘画的形式来记录气球的变化过程。

活动反思：

问题设计是此教学活动的最大亮点。首先，教师提出问题“卖气球的人为什么要牢牢抓住红气球的绳子”，引导幼儿初步感知空气的存在；随后，通过“红气球浮在空气中是怎么样的”“蓝气球、黄气球是怎么样得越来越大，越来越轻的”等问题，引导幼儿进一步感知空气的动态特点；接着，提出问题“卖气球的人打了个喷嚏，手一松气球就逃走了，踩高跷的人和荡秋千的杂技演员为什么都抓不住气球”，引导幼儿感知空气的流动性；然后，通过问题“气球想去玩了，是谁带着它们去的？到哪去玩了”，引导幼儿思考气球和空气的关系；最后，提出问题“气球到了幼儿园，停在哪里？他们为什么要把绳子垂下去”，帮助幼儿了解到气球是可以流动的，也是可以停留不动的。整个活动中的问题的设计可以充分让幼儿感知空气的各种特性，同时推动活动不断深入。

舞动的蛇

一、活动准备

纸，水彩笔，剪刀，绳子。

二、操作方法

1. 请幼儿用水彩笔画自己喜欢的蛇的样子。

2. 将画好的蛇沿着轮廓一圈一圈地剪下，并用绳子固定。

3. 幼儿提着小蛇的绳子，观察小蛇是否能转动，再将小蛇放在有风地方，比较“有风”和“无风”的差异。

1 在纸上画上自己喜欢的蛇的样子

2 沿轮廓一圈一圈剪下

3 用绳子提着小蛇到有风的地方，观察小蛇的舞动状况

三、操作指导

1. 提示幼儿画出长长的螺旋盘绕的蛇，并用自己喜欢的颜色和花纹进行装饰。

2. 游戏时，引导幼儿思考并用自己的语言表述小蛇为什么会转动。

一、活动准备

气球、毛线、吸管、凳子、双面胶。

二、操作方法

1. 在毛线上穿上一段吸管，并将毛线两头绑在合适的位置上。

2. 将气球吹大，捏紧气球后用双面胶固定在吸管上，放开手就能看见气球从这端飞到另一端。

1 将气球用力吹大

2 捏紧气球后用双面胶固定在吸管上

3 松开手，气球飞喽

三、操作指导

1. 启发幼儿思考气球为什么会向前飞行。

2. 鼓励幼儿比较“吹得大”和“吹得小”的气球，其前进的距离和速度是否相同。

3. 引导幼儿将毛线绑在不同高度的地方，感受不同高度的气球“飞行”速度的差异。

打靶

一、活动准备

KT板，粗、细吸管，回形针，订书机，纸筒芯，自制子弹，磁铁。

二、操作方法

1. 创设游戏情境：小勇士们，你能把子弹吹到靶心吗？

2. 用较细的吸管制作成“箭”，插入粗吸管，用力吹粗吸管，将“箭”射向靶心。

3. 多次游戏后，可调整靶心，将其镂空，幼儿探索发现多种材料都可以吹过靶心，还可在靶上增添一些磁铁，增强游戏的趣味性。

三、操作指导

1. 提醒幼儿在游戏时要一鼓作气用力吹。

2. 幼儿可以尝试用不同的方法来吹，不局限于用吸管，还可以尝试改变角度、距离来进行“打靶游戏”。

绘本资源链接

1. ［韩］李慧玉. 空气，来找我吧. 合肥：安徽美术出版社，2011.

2. ［韩］金世实 . 空气呜呜，水波荡漾. 武汉：湖北少年儿童出版社，2012.

3. ［韩］加古里子. 我们喜欢新鲜的空气. 北京：北京科学技术出版社，2011.

4. ［韩］李喜周. 不一样的大自然科学绘本：和空气一起去漫步. 北京：电子工业出版社，2013.

5. ［韩］金世实. 请保护水和空气. 武汉：湖北少年儿童出版社，2013.

图书在版编目（C I P）数据

孩子的科学 ：智慧在游戏中迸发 / 金环主编. --
杭州 ：浙江教育出版社，2016.11（2020.12 重印）
ISBN 978-7-5536-5076-0

Ⅰ. ①孩… Ⅱ. ①金… Ⅲ. ①科学知识－学前教育－
教学参考资料 Ⅳ. ①G613.3

中国版本图书馆CIP数据核字(2016)第275267号

孩子的科学——智慧在游戏中迸发

HAIZI DE KEXUE ZHIHUI ZAI YOUXI ZHONG BENGFA

金　环　主编

责任编辑： 王　华　杨世森　　**责任校对：** 邢　洁
封面设计： 三司文化创意　　**责任印务：** 曹雨辰
美术编辑： 韩　波

出版发行： 浙江教育出版社
（杭州市天目山路 40 号　电话：0571-85170300-80928）
图文制作： 杭州万方图书有限公司
印　　刷： 浙江新华数码印务有限公司

开　　本： 889mm × 1194mm　1/16　　**印　　张：** 11.75　　**字　　数：** 240 000
成品尺寸： 198mm × 260mm　　**版　　次：** 2016 年 11 月第 1 版
标准书号： ISBN　978-7-5536-5076-0　　**印　　次：** 2020 年 12 月第 3 次印刷
定　　价： 48.00 元